心怀所爱 无畏山海

——萧红的绝世飘零

石若轩 著

北京交通大学出版社

·北京·

图书在版编目（CIP）数据

心怀所爱，无畏山海：萧红的绝世飘零 / 石若轩著. —北京：北京交通大学出版社，2020.1

ISBN 978-7-5121-4158-2

Ⅰ. ① 心… Ⅱ. ① 石… Ⅲ. ① 萧红（1911–1942）–生平事迹 Ⅳ. ① K825.6

中国版本图书馆 CIP 数据核字（2019）第 301532 号

心怀所爱，无畏山海——萧红的绝世飘零
XINHUAI SUOAI,WUWEI SHANHAI—XIAOHONG DE JUESHI PIAOLING

策划编辑：宫靖云　　责任编辑：王　滢
出版发行：北京交通大学出版社　电话：010-51686414　http://www.bjtup.com.cn
地　　址：北京市海淀区高梁桥斜街 44 号　　邮编：100044
印 刷 者：艺堂印刷（天津）有限公司
经　　销：全国新华书店
开　　本：170 mm × 235 mm　　印张：14.75　　字数：200 千字
版　　次：2020 年 1 月第 1 版　　2020 年 1 月第 1 次印刷
书　　号：ISBN 978-7-5121-4158-2/K · 26
定　　价：38.00 元

本书如有质量问题，请向北京交通大学出版社质监组反映。
投诉电话：010-51686043，51686008；E-mail：press@bjtu.edu.cn。

推荐语

观此书，一派青春气势，文思蓬勃！萧红对写作体裁的看法是“文无定势”，她的文学写作实践是“由心自在”，石若轩这本书亦是有传有论，自由地表达了自己的感觉、情绪、思想和观点。值得赞赏的是，若轩在史料爬疏上下了功夫，这样一座多彩的楼阁就有了坚实的基础。若轩笔意飘逸，文艺鲜活，其作品可读性强。

袁培力

（萧红研究学者、《萧红年谱长编》作者）

踮起脚尖，眺望中国现代文学的百花园，萧红是豪放而婉约的诗，是猛烈而甘醇的酒。若轩诗一般的年华，书写诗一般的萧红，在山花烂漫后，恣肆而沉静。伫立新的时代，回眸百年时空，依然能看到若轩笔下那个卓尔不群的萧红。

（萧红研究学者、萧红文学馆馆长）

石若轩以令人感动的同理心，结合自身文学经验，细腻知解萧红与生命中那些男性的关系，有理有据，不妄下断语，对女性命运的思考富有启悟性。文笔流畅，娓娓道来，却又耐人寻味。

叶君

（萧红研究学者，黑龙江大学教授、博士生导师）

石若轩对萧红人生的诠释，某些观点与主流认知有些相左，表现了她的胆识和勇气；她正是以这种魄力和独特的视角，写出了一个伟大的女性，这同时是本书的看点所在。在一段萧红与张爱玲文学和性格的比较文字中，对两位个性迥异的民国才女，作了形象而生动的描述，令人印象深刻；文字优雅明净，字里行间飘逸出一种灵动可喜的才气。

（文史作家、《血与火的年代》作者）

这是一部“成长中的萧红”传记，是不多见的以“女学生”的身份解读萧红的心灵结构变化历程的作品。石若轩版的萧红是用心灵去感悟的作品，在感同身受中理解萧红，也理解作为女性的自己。文笔细腻，推论合情合理，石版的萧红传记也许不是最严谨的，也许不是最翔实的，但却是最动情的。

（西南大学中国新诗研究所副教授、硕士生导师）

自序

梦里冷月葬花魂

我与萧红的真正缘分开始于2018年的冬季，也许因为曾经沾染青春时期的怨气，让我错过了这位空前绝后的洛神，但我并不后悔，因为也许属于每个人的时空都早已被缘分设置好了。

太阳将要落山的时候，我在西岗公园的墓园里徘徊，青丝冢的墓碑上是萧红的黑白照，笑容平淡，一瞬间我与她柔和的目光相对。其实这是一张稚气未脱的少女面容，可是又多了几分不相称的沧桑。眼神总是最诚实的，它是骗不得任何人的。那无疑是一双清澈的双眼，是未曾沾染烽烟与岁月狼藉的双眼。

《生死场》中的场景惨淡压抑，亲情与爱情丝毫没有美感可言，人的私欲与兽欲搅拌在一起，这样惨败而刺眼的文字竟然出自一位二十四岁的女子，而且还是她的文坛成名作，在感叹惊世之才的背后自然是锥心的疼痛。

自1942年逝世之后，萧红已经在人群中沉寂了太久，我们不乏这样的疑问："为什么同为优秀的女作家，萧红却没有张爱玲著名？"这个问题的讨论领域其实和文学关系不大，而更适合用传播学来解答，因为问题的前提已经限制为同为"优秀女作家"，这也从侧面说明，大众是认可萧红的，即使沉寂许久，萧红也没有完全从众人的视野中消失。因为时间总会给一位伟大的作家最真实的评价，我依然相信时间的力量。

若是抛开文学与传播学的研究角度，不妨用一个也许是不太恰当的比喻来解释这个现象，或许更加形象。她们的文字看似都是温度极低的。张爱玲的文字是一袭华美的袍子，可是看似华丽精致的绸缎上却爬满了令人生厌的虱子；萧红的文字是寒风里漂泊的一件灰白色棉麻半身裙，被枯树枝刮了几个洞，布料上还粘着几处泥土。在身心遭受重创后，张爱玲在内外折磨之下，痛下决心选择斩断所有过往，坚定地向前远走，直到背影消失在茫茫人海，只留下自己守着滴血的内心；萧红在主动与被动之间不断纠结，最后爱意被消耗殆尽后转身离开，可是就在小巷口的拐角处，她还是下意识地回头望了一眼。

一位是华丽的苍凉，一位是凄苦的荒凉。当看不清张爱玲的时候，至少还能剩下华丽；当看不清萧红的时候，恐怕只剩下咽不下去的苦水，想来人生已是艰难，谁还会主动靠近苦楚呢？所以答案似乎显而易见了。

萧红文字中的苦楚看似离现在的生活甚远，《生死场》中的故事都曾是她的所见所闻，可是现在听来只剩下感叹和惊讶，那么苦难真的就完全消失不见了吗？也许苦难以另一种形式存在着，这也未可知。对比萧红的苦难，我的波折根本不值一提，只是那些情绪曾充斥我不成熟的记忆，不得不记录下来。

《心怀所爱，无畏山海——萧红的绝世飘零》，初稿完成于大四毕业的前夕，四年的大学对我来说，就像一杯煮糊的咖啡，有着又苦又咸的味觉体验。

我曾在别人的青春里登场，波澜不惊，甚至灰头土脸，有时乍看惊艳，透着锋芒，而后莫名其妙地退场，至此消失无踪。在不知道自己想要的方向的时候，我和身边的多数人一样，在虚无的生活里尽可能地抓住看似沉甸甸的东西，却没有勇气叩问过自己的内心：那些选择，真的是适合我吗？因身体孱弱、求学失利，而坠入令人窒息的环境里，所幸终究还是找到了属于我的价值所在。

女子写作，往往以血化墨，尤其是在恶劣环境中，争夺话语权的艰难让深陷其中的人身心俱疲。外在高压环境的纠缠与内在精神价值的追求不断相互折磨，一些人败下阵来，所以周边的一切将他们的毁灭归因于文学，言称献身于文学的人，文学却毫不留情地辜负了他们。而我想说的是，文学从未辜负过任何一个人，也许是你信错了人。

错误的人与错误的环境，会让灵魂变得无比压抑。错误的人所追求的价值带有一股浓重的尸臭味，精神世界腐烂不堪。灵魂赤裸的人开始用文字折磨自己，近乎露骨的笔触展示超越人类命运的思考。可这些文字却是引人心醉的，这是一种近似于自残的快感，由此循环往复，于是周围的人纷纷感叹这个“受害者”上了文学的“贼船”。

这一次做出解读萧红的决定，依然是需要莫大勇气的——我在做一个大胆的自我试验，希望文字不仅仅是我救赎自己的工具，甚至还可以通过这些不成熟的文字去解释一些众人对萧红的误会。有关萧红的几个常见的讨论热点，我想先抒发一下己见。

一、追求自由的萧红，究竟“错”在哪？

至少有两个关键词萦绕萧红的一生，一个是“自由”，另一个是“独立”。然而，她做出的选择与行为，恰恰与其所追求的自由与独立背道而驰。于是很多人开始评析萧红行为的不成熟，无一例外地指责她做错了。在这里首先不涉及萧红的情感倾向、原生家庭等类似原因，只谈“自由”。那么何为自由，什么才是真正的自由？真正的自由真的存在吗？或者说即使存在，那么萧红所处时代的自由是她所追求的“自由”吗？

萧红是一位真正的文艺女青年，而且还是一位承袭“五四精神”的女学生，这两种身份构成了她“高度个性化”的思想。特殊的时代背景之下，新思想与新文化激流涌动，像萧红一样的文艺青年们追求精神自由与个性张扬，可是由于年龄等因素的限制，他们在不知不觉中为其所追求的自由与个性加上了“极致”的思想倾向。也就是说，他们也许并不明白自由的意义，也不知道怎样做才可以争取真正的独立，而错误地把挣脱封建家族与既定思想的约束作为自我抗争的主阵地，以至于很多人在没有经济独立的情况下盲目行动，最后伤人误己，结果自然令人感伤。而萧红性格的善良，还有她一心求学的赤诚，是很容易受到她周围同伴的影响的，可她的独特性就在于——迷茫之后的瞬间清醒。这是一位“成长型”的文学青年，从幼稚到成熟，从茫然到清醒。萧红不是神，这些事情的完成需要一个过程，经济独立与人格独立不会是一蹴而就的，遗憾的是命运并没有给她从成长发展至成熟的机会。

萧红是一个不断成长的女性，也是一个不断进步的女作家。她不是生来便清醒独立，文字虽然不是出道即巅峰，但是却是越写越好，若不是三十一岁便香消玉殒，相信她的成就不可估量。无论是对自由的追求，还是对文学的热情，萧红似乎都遵循了一个由被动到主动的过程。比如从《生死场》到《呼兰河传》的思想演变，从带有怨气的挣扎到坚定的人性回望，她在颠沛流离下，写出直指人心的永恒经典，其实她是陪着书中的人物一起突围的，跟着社会环境一起成长的。众人对她的误解恐怕也是对她一生的唏嘘，因为我们不得不承认在普遍意识中我们还是热衷于结果而忽略过程的，当结果大放异彩时，我们才会去关注过程是如何发展的。而萧红的结果无疑是悲惨的，她也就在故去后还被“补刀”，这一切的一切都让她的一生看起来更加凄美悲凉。

在对待这样一位女性时，我们是否太过于苛刻了，宽容之心已经变得很是奢侈，奢侈到我们不愿意见证一位成长中的女性的经历过往，奢侈到不愿意去预见一位未完成天才的生命全程。如果有如果，一定不是这个结果。

追求自由的萧红究竟错在哪里？我的答案是，她没有错，也就不必承担过错。

二、婚恋关系的“混乱”恰恰证明她是忠于感情的女子

萧红是少有的一位个人经历的传奇性大于自身作品的传播度

的女作家，众所周知，人们对于萧红的婚恋经历的关注度远远大于对她作品的关注度。对于作家而言，这个现象略显尴尬，但是对于人生而言，这样的现象却也是正常的。作为作家，萧红是清醒的；作为女人，在面对感情时，萧红是卑微的；但是作为人时，萧红是伟大的，她是一个大写的“人”，在一望无际的荒凉土地上，萧红肆意而无畏，花想开一朵就开一朵，想不开就不开，如此而已。

十年饮冰血难凉的人，骨子里无疑有一个躁动不安的灵魂，至少在二十五岁之前是如此的。这样的躁动不仅仅表现在对人生的把握上，当然还有对待爱情的态度。人性是写作的永恒主题，而爱情似乎是人性里不变的主题，它就是有一种魔力，让人们心驰神往。美好的爱情令人钦羡不已，破碎的爱情让人无限唏嘘，热闹的爱情让人喜闻乐见，而萧红的爱情呢？

毫无疑问，萧红生命中出现的所有男性都曾真诚地爱过她。萧红被众人误解的主要原因就是这些看似剪不断理还乱的感情，乍一看一片混乱，再一看才女沦为了“渣男收割机”，最后一看又成了愚蠢的女人过分依赖男性的反面教材。

这里不探讨萧红与萧军的分手原因，也不分析萧红与端木蕻良的婚姻生活，因为情爱本就是一种错综复杂的事情，况且又掺杂了几位当事人欲说还休的命运和萧红生命走向尽头的凄美与悲情。

在这段传奇感情经历中，众人对萧红的感情波折做了放大处理。试问，生活中的我们有几人能做到与初恋喜结良缘呢？而萧红的感情看起来“混乱”的原因其实就是在与前一任没有完全斩断纠缠的时候又开始了新的感情，所以变得错综离乱，纠结不已。

那么萧红为什么在每段感情中都不够决绝呢？

因为她善良的心性，过分善良以至于变得软弱，过分善良使得她感念对方给过她的恩惠，她不愿意就此抹杀掉那段恩情，所以一次次退让，一次又一次地给对方机会。她宁可自己做那个后放手的人，也不愿意去承担心理层面上的愧疚。正是因为对感情的坚守和对婚姻的忠贞，她才变得如此犹豫不决。

可是萧红给对方的机会却被当成了草芥，当她再也爱不起的时候选择了离开，因为不够决绝的心性使她无法独自一人承受后放手的痛苦，所以与下一任的恋情产生。当然，在一次又一次的退让和选择的背后，还有战火的摧残。

萧红的每段感情似乎都少了一种彼此的承诺，因为特殊时期的承诺显得既不合时宜又幼稚滑稽。也许前一秒还在山盟海誓，可后一秒，房顶上便燃起了榴弹的残火。千金承诺敌不过战火无情，穿越世俗却不得不败给人性。

三、看似不谙世事的少女，在写作面前却比任何人都清醒

比起《生死场》，萧红的《呼兰河传》是一次主动而自由的表达。萧红一直没能脱离被裹挟的境遇，无论是在写作上，还是在婚恋上。这一生，母爱与父爱抓不住，丈夫和朋友也是虚无的，她唯一能握得住的就是手中的笔杆子，对于这一点，她也十分清楚。所以即使身体健康每况愈下，她也没有放弃表达的权利。

萧红写作思想的前瞻性明显是超越了她周围的许多作家朋友，她的作品直指人心，这也是为什么直到今天我们还在推崇《呼兰河传》的原因。她敢于坚守内心的写作追求，即使遭到误会也不曾改变初心，因为这一份难得的清醒，再过一百年，再过两百年，萧红依然是萧红，可是许多作家却早已被人们遗忘在历史隧道里，不复存在。

在这一点上，萧红胜利了。

有人问我，萧红为何一次次地做出错误的选择。我想那大概是因为许多人跳出了历史来审视萧红，对于萧红而言，当她做出一次次选择的时候，她怎么会预想到选择的对错？但是她依然要迈出那一步，因为她不愿意放弃生命的那一点可能性，说是欲望也好，说是爱也罢，总之她就是要去见证人生的千万种可能。那

样才不失为一种盛放，即使是在梦里。

萧红一生颠沛流离，在历经苦难后仍不忘以最温情的目光回望那片苍茫大地，依旧是最清澈的双眼，依旧是一尘不染的灵魂。记得电影《萧红》的英文译名是“凋零的花”，凋零的花瓣轻轻散落在赤红的土地上，至此，就让一切尘归尘，土归土。

我抱着冷冽的月亮，埋葬的是衰败的残瓣，种下的是鲜红的希望。

2019 年 8 月 13 日于临汐阁

目录

第一卷 生而为女人，我很无奈 /1

第二卷 沟壑纵横的流浪地图 /49

第一卷

生而为女人，我很无奈

一、十年饮冰血难凉，呼兰河里的倔强

这是满天星光，也是满屋月亮。

当一个女性开始写作时，一种新的时间开始了。在她决定与文字朝夕相处的那一刻，在她决定以写作作为抽象的光芒，散发到周围世界的时候，她已经从绝望深处缓缓走向希望。落笔在纸面上的一瞬间，是脆弱灵魂的潜在力量的觉醒与自我肯定，梦想与现实开始了内在的矛盾抗衡。

文字雕琢的初始冲动，从来就不是快乐亢奋的情绪认证，而是痛苦的绝望发泄。处于文化自觉意识，女性独立思想比较边缘化的松花江，即将临产的二十岁弃妇，似囚室一般的东兴旅馆[①]，睁开双眼就是土黄色的墙壁，昏暗的灯光下艰难度日。她是绝望到怎样的程度，才会决定用弱不禁风的文字去寻求解脱，甚至不惜用哀求卑微的语气。

求生是人本能愿望的驱使，萧红还未来得及体会人生更多的悲喜冷暖，仅仅二十岁，就已经受尽了冷眼与嘲弄，禁锢的灵魂急于触摸到属于她的那一份自由，那一点点被疼爱的奢望。

萧红拖着孱弱的病身子，大口大口地吸着透支她脆弱身体的

① 据 1932 年“哈尔滨旅店业登记名录表”，该旅馆名称为“东兴旅馆”，经萧红研究学者铁峰先生核查哈尔滨史料确认。此外，多位学者采用此名称，如李丹红、李清秋、月小妆、郭玉彬、杜智颖、高维生等所著的传记均采用“东兴旅馆”。

烟。她奋力书写世间百态的苦难，但她对自己的经历讳莫如深，她不喜欢谈及自己，她喜欢的颜色，她爱穿的衣服款式，周围人竟知之甚少。她希望自己永远是苦难经历的记录者，即使三十一年的命运地形图已经沟壑纵横，有天灾，有人祸，她还是以天使一般的纯净笔调不断地重新描绘。我想若换作是张爱玲，她应该会点上一把火，把这张血迹斑斑的图纸烧成灰烬，让它散落在风里吧。

原来幸福的人生是可以找寻到共同痕迹的，而苦难的命运轨迹却很难找到相似之处，各有各的不同。

苦水一般短促的三十一载，不敢回望，像是被锁在铁笼子里无法医治的“疯”女人，大声疾呼，声嘶力竭地哭喊，直到让冰冷透骨的雪给冻醒。

萧红文学创作十几年的起起伏伏，像是破碎的陶罐，碎片化的记忆，略显模糊的黄金时代，看不清她的脸，精心粘补在一起的陶罐也不一定就是她想看见的结果。关于她的传记形式的影视作品，都无奈地运用了大量旁白去支撑故事，没有人真正了解她，或者说人们不够了解她，没人理解，更无人疼爱。三十一年，一半清醒睿智，一半酩酊大醉；一半立体鲜明，一半朦胧模糊。

她是一位女作家。女作家这个称呼，在某种程度上而言是极其尴尬的存在，尤其是在当时风云骤变的乱世。女作家与作家事实上是两种完全不同的概念。“女”当然是用来修饰一种身份，加以性别区分，女作家的称呼类似一种光环的存在，而作家更多的是停留在一种职业的认可上。

作家们可以用勤奋、用时间的积淀而使文字变得深刻，他们不用过多考虑写作的条件，也不必过多关注社会环境和家庭环境对他的影响。而女作家却不得不审视这一切，社会给予她们太多的修饰语，仅仅是实现个人价值这种基本的愿望，就要耗尽半生的勇气。最初的萧红没有刻意去勤奋，当时她大概未曾料到自己会成为女作家里一颗耀眼的恒星，所以她的文字并不深刻。但是命运赋予她极高的文学天资，不深刻的文字，读起来却是那么纯净，又如此生动，像是一条缓缓流动的小河在读者心里流过，温暖着苦难中的男男女女，洗濯着不忍直视的破碎灵魂。

也许张爱玲的才华是她一生的错误，而萧红极高的天资却被动地成为她永远的罪过。

被疼爱、被时刻注视，没有猜疑，没有争吵，这些难道不是一个红尘中弱女子最基本的权利吗？周边世界的恶意，把她逼到墙角。不错，萧红可以从一开始就妥协，她可以和其他女子一样认命，过最普通的生活，获得最朴实的亲情，但叛逆驱使她去追求更多的选择。然而没有任何温度的现实，将这些基本的权利变成了一个女子至高无上的奢望。

选择，现实却是被选择；奢求独立，现实却是没有经济能力去独立；渴望挣脱，却无法挣脱，将一眼望不到边的人生一步步下成一盘死棋。

她是一个女人，还是一个有着极高文学天资并决定写作的“疯”女人。萧红太擅长折磨自己，在某种程度上来说，后花园中的祖父对于孙女的“放纵式”溺爱埋下了日后悲剧的种子。祖父的怜爱弥补了父爱的缺席，祖父成了萧红接触世界的第一个异性，在日后的不断寻找与印证中，她总是不自觉地将遇到的所有男性同祖父相比，对比的结果当然是一次又一次的失望。

天使的面孔，纯真的傻笑，神经质一样的笑声，穿着与性别不符的破旧毛线衣。若想普度众生，请先拯救自己，萧红来不及多想，当然她也没有时间和条件允许她去趋利避害，牺牲自己的健康、精力去拯救书中的人物，这是她的选择，她自己的决定。这一次，终于不是被动。

就是一个不安分的女人。她不甘心就这样悄无声息地淹没在悲苦的乱潮里，若有一口气，都会反抗到最后一刻。

时代在进步，我们却没有。人道主义的关怀依然不敢奢望，就像当年萧红独自面对的一切，为什么从前到现在的眼光总是那么犀利，语言永远是如此尖锐刻薄，她不是纠结于四个男子之间的风流文人，也绝不是所谓作风不正的浪荡女子。她是萧红，她是生长在广袤大地上的红山茶，肆意而无畏。

痛苦是慢慢熬出来的，多想在文字中表达。愿望是那样强烈，好想对着呼兰河喊上几句，把声音拉长至几个世纪。

我爱，我恨，我痛苦！

其实依然看不清她，就像她自己都看不清自己一样。不曾知道内心真正的想要，无法界定对他们到底是基于怎样的感情。她是渴望的，急切的渴望，满怀期待，热衷选择，不过她不清楚心里那个期待究竟是什么，只知道有一个期待，因为总要有一个期待。

自祖父与鲁迅先生相继离世之后，萧红更成了一个在大风里走丢的孩子。她找不到回家的路，她选择性失忆了，也从没有过家乡。

朦胧中是有一个叫作“家乡”的地方，到底为了什么，才会有这么凄凉的地方。这里是小团圆媳妇[①]被打的地方，也是萧红祖父去世的地方。

记忆中是青砖黑瓦，是带有八旗满族风情的院子，正屋中间是摆着一个沙盘吗？圆圆的，也远远的。西边院子的二十二间房已经记不清，东院后是一片两千平方米的花园，那是祖父最喜爱的地方，也是萧红唯一一处想铭记终生的地方。

如果可以，希望时光能就此停留在原地，停留在后花园的青葱岁月，哪怕第二天就是死亡，就是毁灭。

呼兰河畔的小城叫作“呼兰”。有祖父的后花园是满天星光，是满屋月亮，是有心情去观察被冷空气冻住的屋檐，那是一排排雨滴形成的玉珠帘。允许她忘了，希望她记得，在忘却之前，甘心一遍遍去温习。

这座城，她来过，最后也掺杂着主动与被动而离开了。冬天来了穿棉衣，夏天来了就穿单衣。温顺的就去虐打，暴力的就离着远一些。于无声处听惊雷的震撼也不能改变什么，日出而作，

① 小团圆媳妇：《呼兰河传》里，一个仅仅十二岁而被称作十四岁的小姑娘；曾经“头发又黑又长，梳着很大的辫子”，曾经“看见‘我’，也还偷着笑”；说碗碟很好看，想坐起来弹玻璃球玩；一点也不害羞，坐得笔直，走得风快，吃饭就吃三碗等。她是一位健康、天真、活泼的单纯的小孩子。

日落而息，时光流转，一年四季，从来如此，没有改变。沉默得让人想就此睡过去，团圆媳妇的叫喊也当作没听见。

它寂静得要在地面上消失。

不管怎样还可以牵着祖父的手，蹦跳着去后花园，看那里鲜绿色的一片，只有在这里，这小城才有无限生机，此时的萧红才觉得自己是有生命的，是真实存在的。

人活着是为了吃饭穿衣，人死了就完了。江河被冻住了，生命也早就被冻住了。原来这些人早就不在人世了，这日后发生的种种，犹如复印机在运作，不断重复那几天的日子。

在这里，无论男女，总是逆来顺受，苦难的记录者把这一些不合常理的现象描写得那么令人惋惜，那么不值得。其实身处其中的人是从来不会思考这些的，生下来的时候就是没有希望的，逆来顺受习惯了，竟然一切都很顺了。生下来，把时间顺下去，最后找不到自己，也从未想过这些，也不必想。萧红说这些女人的生命不值得，可是她们从不在意，其他人说萧红是疯癫的，是越轨的，萧红痛并快乐并洋洋得意。

不允许进步的环境和麻木的人生十分般配，独一无二就要被压制，中规中矩是最完美的安稳，麻木堕落是不痛不痒的训诫。一座最清醒最正常的疯人院。当全世界只剩下萧红一个清醒的人，萧红便成了最不清醒的人。

呼兰，因为是萧红自幼生活过的地方，所以第一眼，萧红就有了对这片土地的拯救欲望。她选择性忽视她的父亲张廷举，对于继母的厌恶，她也不能免俗。她是一只无脚的鸟，用尽全身力气飞呀飞，飞过呼兰河，最后停靠浅水湾。

最不敢回忆的家乡，最疼爱萧红的祖父，十几年的记忆碎片，她不断用痛心熬制回忆。当记忆里只有祖父和那片蓝天，她不停地回忆，回忆到祖母的缝衣针也那么清晰，一刺，把她拉回了同样不安稳的现实。

逃出了地狱，奔向了深渊。

那是女孩子开始有心事的年纪，家世背景较好且相貌也算一表人才的汪恩甲是张廷举钦点的乘龙快婿。希望女儿有一个门当户对的婚姻，从此相夫教子，安稳一生，对于张廷举而言，他算得一个合格的父亲。可是命运狭路相逢，父女两人彼此面对，互相倾轧，不能幸免。就和张志沂遇见张爱玲一样，要怨便只能怨自己的女儿是萧红，反抗意识自小在她的体内里觉醒，虽然她那时候并不知道去反抗什么。

很多影视作品中故意丑化了萧红的未婚夫汪恩甲，也许是为了衬托出萧军的侠义光辉，胶片里的汪恩甲轻佻狂傲，纨绔暴虐，观众纷纷将他想象成一种猥琐的小人嘴脸。但事实上，汪恩甲有一个还不错的教育背景，并且作为教师的工作也算是体面，萧红曾织毛衣作为礼物送给他，至少在当时的萧红看来，汪恩甲可以和自己走入婚姻。这也从侧面说明，萧红的未婚夫没有坊间杜撰得那么一无是处，在萧红留下的只言片语中，没有对汪恩甲使用过尖锐性的词语，她没有那么恨，自然也没有爱。

汪恩甲承受不了家庭的压力牺牲了身怀六甲的萧红，他在东兴旅馆和萧红一别，便成永远。其实我宁愿相信汪恩甲在回家筹钱的路上被土匪绑架，或者遭遇了日本兵的杀害。他是喜欢萧红的，这是可以肯定的事情，也曾为了维持这段逃婚又私奔的荒唐“婚姻”，与家人抗争过，只不过他输了。因为现实因素是不可忽视的，他们没有钱，也就没有独立生活的能力，这毋庸置疑。

在汪恩甲离开后，就连他的家族都犹如人间蒸发一样，再无踪迹。实际上，汪家是哈尔滨一个大家族，怎么能消失呢？汪家不会去找张迺莹，张家也不会去找汪恩甲，何论外人呢！他与萧红的孩子，一个生下来不到七天就被送人的女婴也无从找寻。我想找不到就当她从未存在过吧，毕竟找到一个同样备受生活摧残，甚至不幸走上她母亲老路的妇女的消息更让人纠结压抑。

狭义光辉拯救了洪水猛兽中的疯女人，这是大多数人知道萧军这个名字的初始印象。所以说人生若只如初见多好，他迷恋她纯净的文字，迷恋她悲惨的感情遭遇，迷恋她备受摧残的容颜，若是仅仅止步于此，那些伤害都可以成为多余的画面。

萧军喜欢萧红，就像他喜欢很多女人一样，他有尚武情结，并且从未放弃过参军的想法，他也的确是一名武艺高强的文艺男青年。因为这些外在因素，让他下意识地将自己想象成乱世中救人于水火的英豪，他热衷英雄救美，遇见的女人们都是脆弱而孤独的，让他不能见死不救。当然，后来半真不假的“见死不救”，也让他每次面对萧红的时候都理直气壮，一字一句，掷地有声，让旁听的人都觉得这一切是正义的，一切都有意义。

孤独的文字需要互知互怜，不要说张爱玲终生追寻被欣赏，被欣赏对于萧红来说也同样不可或缺。比起疼爱，萧红对能被欣赏的渴求应该要弱于张爱玲，但二人同样是旷世瞩目的才女作家，被欣赏是张爱玲一生的春药，对萧红而言，更是至关重要，就如同氧气。在萧红这里，文字不被欣赏则无法呼吸，不被赞叹的女作家也同样是没有创作激情的。

贫困交加，身怀六甲，旅馆里遇见萧军的时候，他是如此的宽容大度。可这个大男人，在面对妻子作品被高赞的时候却显得那么吝啬，他好像从来没有对萧红的作品表现出赞叹的神情。即便鲁迅先生与身边好友都表达了赞赏，他也从未多说一句。其实他何尝不知道那些文字是多么强悍，多么与众不同，只是嘴上要维护最后的自尊，这种男人的自尊，这种大男子主义的行为想来是有些过火了。

萧红想要的赞叹，在萧军这里找不到。不过，端木蕻良对她文学创作的赞赏，却是满满得快要溢出来。端木是以一个“迷弟”的身份出现在萧红的身边的，有姐弟情、师生情，还有他自己都没有界定清楚的奇怪感情，是一种神奇的感觉。端木爱萧红的故事，爱她与众不同的文字，怜她沟壑纵横的命运。

他们对萧红的迷恋与同情大于对她的爱情，这些迷醉的感情谁又能分得一清二楚。友情已达，恋人未满；不是爱情，胜似爱情。没有必要进行绝对严格的区分，也就是说，没有必要给这些说不清道不明的感情下一个概念性的定义，这不是入学考试，这是真实的生活。乱世里挣扎已经压力无数，何必再去思考分析这些感情的属性，萧红没有精力去思考这些感情，生存的问题还没有解决，何谈生活。

人性的一丝关怀自然被萧红无限放大，他们与其他人稍微不一样的做法早已经在她心里生根发芽，直到疾病的侵袭将她击倒，这种压抑的情感借着肆无忌惮的梦境被重新演绎出来。

不要把所有出现的感情都当成爱情。

从呼兰河离开的那一天起，她忍受着家族亲人的声讨，背负着狠心抛弃儿女的罪名。从此少了一位相夫教子的女人，多了一位世俗眼中的女疯子。

十年饮冰，热血难凉。她中了自由的毒，那一片中了毒的呼兰河，并且，永远没有解药。

二、手握红山茶，后花园的梦幻时光

狂风中生长的劲草，伴随着辛亥革命的爆发，这似乎是她一生的宿命，生于战乱，逝于奔途。

入冬，河道宽阔的呼兰河结冰了，它成了小城呼兰连接哈尔滨的交通要道。留在萧红记忆时光的最深处，是她的希望与憧憬，是祖父居住的地方，也是祖父最后的栖息地。

张家的祖籍是山东省的莘县，一场声势浩大的移民壮举——闯关东，将张家一家的命运改写。经过几代人的创业，张氏家族在吉林、黑龙江有了大大小小的产业，兴办商号，置办地产。

日子渐渐富足安稳起来，往日艰辛的奋斗岁月被衣来伸手、饭来张口的聊赖生活打乱。填饱肚子的人们，终于可以获得空闲去产生嫌隙，于是张家第四代的几个兄弟开始有了自己的小心思。算计来算计去实在是浪费时间和精力，所以合久必分，萧红的祖父张维祯在分家的时候分到了呼兰的部分田产，所以离开阿城老家，举家迁至呼兰。

张维祯是被书香气息围绕多年的旧式文人，他性情温静敦厚，待人接物态度和善，与结发妻子范氏几十年互相扶持，伉俪情深。只是后来年过半百，夫妻俩没有儿子，按照从古至今的宗族规矩，夫妇二人过继了弟弟的孩子，张维祯由张廷举的伯父变成了他的父亲，这一年，张廷举十二岁。

侄子与伯父的关系强行变成了儿子与父亲的关系，其实这是一段十分微妙复杂的感情，有一种无法言说的生活失真感、熟悉的陌生感。张维祯与张廷举之间存在着心照不宣的一层纸，谁也不愿意敞开心扉，放下身段与尊严去捅破它。当时张廷举已经十二岁，这是一个依然很依赖母亲的年龄，也最是留恋家庭温暖的年纪，更是对童年生活记忆深刻的年纪，却不想被伯父硬生生地“夺走”，被迫离开亲生父母，离开自幼熟悉的家庭环境，来到一个陌生的地方重新开始。当然，经过时间的累积、自身的努力，以及伯父伯母夫妇二人无微不至的照顾，张廷举融入了这个家庭。但重新开始，但却不能从心开始。

他知道眼前的父亲曾经是自己的伯父，因为来到这个新家的时候，他已经是半成年的男子。张廷举是一个正常的孩子，拥有正常孩子都要经历的青春期。青春期的时候，情绪开始波动，心事越积越多，当他站在张维祯的面前却不能很自然地像儿子一样倾吐烦恼，不能亲近地向母亲范氏撒娇，张维祯于他，更像是一名私塾先生，他可以教育张廷举，他给他最优越的亲情环境，但他始终不是血脉相连的生父。

张维祯越是看重儿子，儿子就变得越紧张。父子之间急需为这尴尬的微妙关系找到融合的方法，这个方法便是第三代的诞生。

1911 年的端午节，张廷举与妻子姜玉兰生下了他们的第一个孩子，乳名荣华，学名秀环。因为按照当地的风俗，在端午节这天出生的孩子身带不祥之意，所以他们为孩子的生辰改动了一天。其实何来不祥之说，不过是陈旧的宗族观念——张廷举期盼的是能够传宗接代的男婴，怎奈事与愿违，姜玉兰生下的偏偏是一个女孩子，所以出生时间也不合适了。“传宗接代”这四个字，当把它们组合到一起，竟酿出了历史上成千上万的悲剧。尘世中的痴男怨女为这四个字奉献青春，甚至呕心沥血，若是不完成便会口吐鲜血，四脚朝天，死不瞑目，此时的天冷得可怕，天堂里萧红的笑声震耳欲聋。

父亲的女儿叫作张秀环，祖父的孙女叫作张迺莹。

萧红出生之前，张家大院里的空气流动得很慢，几乎凝滞。张维祯千辛万苦地终于盼来了第三代，虽说不是自己的亲孙女，但这却是一个全新的生命。岁月在张维祯的额头上从没有仁慈过，他老了，他寂寞无助，他太渴望孩子天真的笑声，一个全新的小生命给他带来了无限的憧憬，终于可以在这稀薄的空气里抓到具体的事物，张维祯喜不自胜。

孙女长着一双大大的眼睛，嘴巴还不会讲话，眼神却好似跟祖父时刻进行着心灵上的交流。张维祯急切盼着这个全新的生命平安长大，这是一个新生命，她的记忆白得如一张纸，无私的亲情会记录下张维祯在她生命中的点点滴滴。有了继子，便已完成了传宗接代的任务，至于第三代性别是男是女，在张维祯的内心里，没觉得十分重要，因为他的第一想法就是成为一位祖父。

所以他疼爱孙女，尽他一切所能地去营造书香气环绕的家庭环境，他希望孙女幼承家学，他教萧红《千家诗》，这也是萧红开始接触中国古典文学的第一部作品。

萧红似乎直接跳过了与父亲张廷举朝夕相处的环节，至于母亲姜玉兰，她也没有过多地关注这个女儿。萧红三岁的时候，姜玉兰产下一子，但很快便夭折了，一家人空欢喜了一场。后来张廷举与姜玉兰如愿以偿，五岁的萧红有了弟弟，学名张秀珂，弟弟的降生使得母亲更是无暇顾及女儿了。

家里两千平方米的后花园是专属祖孙二人的领地，这里有最明澈的月光、触手可及的蓝天和白云。观察树上的鸟儿如何飞上天空，还有花香扑鼻，沁人心脾。祖父牵着萧红软软的小手在花海里漫步，左手牵着孙女，右手捧着《千家诗》，就这样你一句我一句，忘了晨昏日落。

嘴里不停地重复诗句的时候，也可以目不转睛地盯着蝴蝶飞过的痕迹，它停留在哪一朵花上，它是不是在和蜜蜂结伴做游戏。累了就睡在花园里，梦里都是诗句，中途睡醒了看到的也满满都是诗意，祖父在藤椅上示意，萧红又开始睡去。祖母和祖父吵架了，那好呀，主动牵起祖父的手去后花园嬉戏，张维祯看孙女，永远都是堆着笑意。

祖母去世之后，萧红吵闹着要去祖父的卧房睡，其实这样也好，根本没有多少心意用在女儿身上的张廷举夫妇顺着应允。

如果可以，多么希望萧红的童年记忆中只剩下后花园的梦幻时光，若是童年中只有祖父也不见得是有缺憾的，谁说父母双全的孩子一定是幸福的，父亲这个角色对于萧红来说，是真的可有可无，因为只要有祖父一个人就够了，真的够了。

萧红自幼就很善良懂事，很会洞察大人们的心意，她在父母心中的分量，自己再清楚不过，所以她也不会自讨没趣。

没有温度的周围世界，母亲试图在儿子的身上寻找时间，丧子的可怕经历让她恐慌。有文献记载，姜玉兰“幼从父学，粗通文字”，在女人的天空完全没有一丝亮色的时代，这样简单的文化教育经历已经难能可贵，但不知为何，姜玉兰也一样被“传宗接代”的思想支配。

在女人成为一名母亲之后，由于心理与生理的双重改变，她观察世界的眼光开始变得不那么敏锐，她们的思维空间开始在无意识中渐渐缩小，狭窄到连自己都无法存在，只剩下丈夫与孩子。当孩子降生，意味着女人们开始向这个世界献出了膝盖，她们开始妥协并弯下了腰，即使无奈，她们也往往不得不这样选择。

也许从那时候起，萧红就已经决定她永远不想以这种方式向周围的一切妥协。

太阳在园子里是特大的，天空是特别高的，太阳的光芒四射，亮得使人睁不开眼睛，亮得蚯蚓不敢钻出地面来，蝙蝠不敢从什么黑暗的地方飞出来。是凡在太阳下的，都是健康的、漂亮的，拍一拍连大树都会发响的，叫一叫就是站在对面的土墙都会回答似的。

花开了，就像花睡醒了似的。鸟飞了，就像鸟上天了似的。虫子叫了，就像虫子在说话似的。一切都活了。都有无限的本领，要做什么，就做什么。要怎么样，就怎么样。都是自由的。倭瓜愿意爬上架就爬上架，愿意爬上房就爬上房。黄瓜愿意开一个谎花，就开一个谎花，愿意结一个黄瓜，就结一个黄瓜。若都不愿意，就是一个黄瓜也不结，一朵花也不开，也没有人问它。玉米愿意长多高就长多高，它若愿意长上天去，也没有人管。蝴蝶随意的飞，一会从墙头上飞来一对黄蝴蝶，一会又从墙头上飞走了一个白蝴蝶。它们是从谁家来的，又飞到谁家去？太阳也不知道这个。

——《呼兰河传》第三章

多么纯洁如水洗的蓝天，想乘一阵风飞过厚厚的围墙，或者长出一双翅膀来，携着祖父一起飞到一个遥远的地方，那里呼吸是自由的，那里一切是有生命的，自然的律动，风吹着蝴蝶一起走。

手里握着红山茶，抬头仰望一片明净澄澈的天，哪怕明天就是骤雨狂风，都要伸出软软的小手，触及自由的天空，让风暴铭心刻骨。

三、逆水行舟，勇气无关世故

父亲张廷举在女儿的生命中一直处于缺席状态，在母亲姜玉兰病故三个月之后，继母梁亚兰进了张家的大门。此时未满九岁的萧红与弟弟还没有从母亲离世的悲痛中走出来，张家的每一间房都还保留着姜玉兰的痕迹，因为时间太短，母亲去世的孝礼都还在。

夫妻举案齐眉的规矩冰冷得可怕，生活在零下三四十度的呼兰河畔，年幼的萧红已经习惯，但这种夫妻间的冰冷还是让萧红不禁打了一个寒战。所以妻子是谁也许并不重要，重要的是，在当地教育界有头有脸的名流需要一个完整的家庭，哪怕仅仅是当作一个家具摆在家里的大堂上，对于张廷举来说，生活中的粉饰太平是必须要做的。

萧红入学的这一年是“五四”新文化运动正如火如荼开展的一年，这场新文化之风也吹到了小城呼兰。以往从未招收过女学生的小学开始打破千百年来的旧俗，龙王庙小学在秋季和当地另一所小学正式设立了女生部，所以在 1920 年，萧红进入龙王庙小学（即呼兰乙种农业学校）初小学生班就读一年级。

也不知是否是出于对亡妻的追思与愧疚而施恩其女，张廷举在对待女儿是否要入学读书这件事上破天荒地开明了一次。父亲一瞬间的仁慈与开明让萧红关注世间万物的目光开始从祖父的后花园，转移到了张家大院以外的世界。

踏出家门去上学的那一刻，萧红的思想开始了第一次飞翔，她沐浴着点点自由的光辉，她觉得周边的一切开始有了一丝将要苏醒的感觉。她心里似乎像是松了一口气，悬着很多年的心终于有了可以安置的地方，只知道家中虽然有着几十间房屋，但却没有半间房是属于自己的，但上小学的时光却是触手可及的，是抓得到的。手中的书本很有重量，她对知识的渴求从这里开始并不断发展，她暗喜终于有了属于自己的东西，哪怕这些东西是看不见且摸不到的。

四年之后，萧红转入了呼兰县第一女子初高级两级小学校就读高小。在学校的日子就像是在祖父的后花园，一切静谧如常，只是头顶的天空变得比后花园和龙王庙小学的天空还要高很多。她很珍惜来之不易的自由时光，所以发奋苦读，并将张维祯传授给她的古典文学基础很好地运用到了学校布置的作文上，意料之中，她的作文《大雨记》广受好评，开始在同学们之间传阅。

父亲的忽视和不认可，给萧红埋下了极度自卑的种子，但是在文字上的第一次大获全胜让她惊喜不已，她好像看到了自己生存的价值，她似有若无的天赋，对文字与生俱来的敏感度让她渐渐抬起以往低下的头，这一次不必偷偷地凝视广阔的天空，而是正大光明地欣赏。

高小毕业的日子悄悄来临，萧红有了恐惧的感觉，对文字的敏感度往往与预感能力如影相随。她手捧着《学生词典》，咿咿呀呀地读着背着，但是今天的记忆力却不如往常，萧红的头脑一片混乱，因为她发现平日里要好的同学已经被父母接回家去相亲了。

她又开始慌乱起来，那种伸手抓不到任何东西的感觉再次袭来。头顶的天空也变得不再蓝，而被灰蒙蒙的颜色代替。一种即将被押送刑场的忐忑感快要承受不住，明知道前方是死亡，但却无法在半路上逃走，当然也没有谁会来救她。

快速地翻着桌子上的书本，一摞厚厚的书籍却显得这样少，很快就翻完了，那就再翻一遍。等待宣判的自己应该逃向何处，她不知道她将会被父亲许配给谁，是和父亲一样冷漠严肃的男人，还是堕落麻木的纨绔公子，又或者她会比其他人幸运吗？等待她的会不会是和自己一样向往自由、渴求知识的男青年。

她隐约察觉她的命运，会和身边其他人都不同，她觉得她会比其他女孩子幸运。她的预感能力确实高超，她确实和很多女孩子是完全不同的命运走向，因为她比其他女子更凄苦，也更绝望。

总之，无论父亲把她许配给怎样的男子，那都将是铁笼一般的地狱，只是从张家大院进了另一个大院，一样的气氛压抑，一样的麻木无知，一样的毫无生机，甚至快要睡去。可是她绝不甘心和其他人一样就这么糊里糊涂地睡过去。

她本就和她们不同。面对家族中重男轻女的观念，面对因性别而受到的不公平待遇，其他女孩子会自然而然地妥协，或是抱怨几句为什么自己是女儿身，下辈子一定要投胎成男儿身。萧红不会这样抱怨，她当然愤慨，她想的是为什么女性要被这样对待，怎样去避免自己陷入没有希望的生活死循环，当自己摆脱被动的命运之后，是不是还要去帮助其他在泥潭中的女性。

可是她注定会身心俱疲，因为相同环境下的其他女性是从不会去思考这些的，她们未曾想过在泥潭中跳出来，生下来就活下去。于是张迺莹变成了萧红，其他女孩子变成了女人。

所以，思考就是罪过，思考就是痛苦。情深不寿，慧极必伤，难怪丁玲曾预言萧红不会长寿。该来的终究还是来了，终日恐惧又有什么意义。萧红面临了人生十字路口的第一次选择，这一次堪比头脑风暴。她意识到，原来自己是如此弱小，她不具备对生命的控制权，只能任由父亲张廷举摆布。

在萧红面前有三条路。第一条路就是像身边的很多女同学一样选择嫁人，成为一名标准的贤妻良母，从此相夫教子，过上一眼望穿的人生。那当然不会是萧红内心的选择，在潜意识里，她觉得婚姻就是女人开始向世界低头的标志，她不愿意复制母亲的老路，所以她本能地逃离。

第二条路是继续在呼兰学习，不仅学费的数额可以承受，而且不用离开家乡。但当地的中学也是刚刚建立不久，师资方面和基本设施上都很匮乏。

第三条路，就是到大城市哈尔滨去求学。萧红自觉以她的出身，外地稍微高一些的学费应该不成太大的问题，而且张家的很多哥哥都在哈尔滨读书，她自己并非先例。但是这一次，她又错了。

张廷举对于哈尔滨有着十分严重的偏见，哈尔滨是一座比魔都好不到哪里去的城市，“东方莫斯科”自然不是空穴来风。一个涉世未深的女孩子要到花花世界里去读书，简直是一个天大的笑话。萧红觉得自己继续学习是理所应当，可在父亲的认知里，张乃莹就是先例，就是越轨，这是女儿的不安分，绝不可以把她放在那么自由的地方去任意胡为，有辱家声。

在萧红入学之初，作为当地教育界很有声望的张廷举对此是支持的，毕竟身为教育界的名流有一个文盲女儿也不是一件光彩的事情，女儿的教育经历对自己也算是锦上添花，而且在某种程度上会加重他的声望，更为大众所信服。

但是她现在翅膀还没长硬就想飞出去，这连门儿都没有！作为我的女儿，你可以温柔娴静，你可以颇有学识，但你不能有丝毫逾越雷池的想法和举动，这事关家风，这事关自己在当地的声望。只要是影响自己声望的事情都不能发生，自己的仕途就是不可以有任何污点，你是我的女儿也不可以。

平日里一直很尊敬父亲的萧红为了去哈尔滨读中学，与父亲张廷举爆发了生命中的第一次争吵。她竟不知是哪里来的勇气，一字一句对着父亲争辩，是那样决绝，即使迎接自己的是暗无天日的囚室，是父亲擅长的拳打脚踢。此时对外面世界的强烈渴望、对婚姻的恐惧，让她心无旁骛，总之她要拼命争取一次。

身体本就孱弱，这次争吵似乎是耗尽了这十几年的健康，萧红有气无力，双眼无神地望着无人擦拭的旧窗子，就这样过了将近十个月的时间。萧红不能再这样衰弱下去，若是再如此，恐怕等待自己的就是一顶花轿、一条绑住身体的绳子，就这么硬生生地给塞进去，从一个囚室换到另一个牢笼。

萧红的祖父开始无法忍受儿子对孙女这样的摧残，老弱的他开始以死相逼，他逼迫张廷举就范。萧红也以去教堂做修女的誓言动摇张廷举的决心，张家的族人和邻居都知晓了此事，他们也开始三言两语地劝说张廷举。

这场以死相逼的风波，以萧红的胜利而告终。然而，家庭悲剧的种子也开始在这一刻悄悄埋下了，父女二人心里都有了深深的芥蒂。导火索越拉越长，似乎只等待一个点燃。这一场争取自由、获取更多知识的抗争，张廷举虽败却胜，萧红虽胜而败。

她不问后果，逆水行舟，为了生命的自由，可以不顾所有。东方的莫斯科，另一个世界的哈尔滨，开始让经历以追求自由为轴，她终于迈出了这一步。

四、不知天高地厚，就以生死成就

父亲身为义务教育委员长，这种职位却和他的家庭没有任何关系。张廷举的身份只是独立于张家之外的另一种存在。在对待全县孩子与自己女儿的态度上，天差地别，“义务”一词自然是最大的虚伪。其他孩子的义务教育，他大力支持是顺应时代的潮流，而张迺莹的义务教育则是一种恩赐，是一种应该被褒奖的仁慈，对于他不多见的父爱，这已经是破天荒的行为。

这是萧红与家庭的第一次抗争，事关入学。可是她的叛逆反抗在其他人眼中，与渴求汲取知识没有丝毫的关联，这只是张家大小姐有恃无恐的行为乖张，若再不进行严格的管教，怕是这丫头日后会让张家就此出了名。

这无疑是当萧红因执意前往哈尔滨读初中而被张廷举软禁时大多数人的心态，虽说他们中的一些人也象征性地劝说张廷举，但这不代表有人能够真的发现萧红内心真正的诉求，在周围人看来，张迺莹是一个不太懂事、想要去外面玩耍的小姑娘。

与父亲的再一次争吵，给萧红的身心均造成巨大的摧残。她再一次意识到自己的弱小，弱小到即使是一次争吵也差点要了自己的命。她初露端倪的文学天资，没有一个人注意到，刚刚抬起骄傲的头，现在又要被强按着低下去，不甘心就这样在冷漠无情的父亲的羽翼下苟延残喘。

这一生，活得就是一个不甘。

十六岁的少女面带着憔悴、忧郁和不符合年龄的沧桑，踏上了去哈尔滨的路。这是一个秋季，萧红进入了东省特别区第一女子中学读书。学校坐落在寂静优雅的南岗邮政街，环境中西结合，校园氛围十分新潮。

这所学校，丝毫不限制学生们的思想，有各种各样的学生便有各种各样的思想。因为是女校，学校的风气和以往接触过的学校环境大不一样，没有性别歧视，也没有打击压制，这让身心刚遭受重创不久的萧红可以暂时忘却家族的压力和人际交往的烦恼，终于可以在安静宽松的环境下自由地读书、创作了。

萧红对绘画的兴趣，跟这段时间的在校学习有重要的关系。她热爱与自然有关的一切，喜欢观察花花草草，喜欢仰望洁静如水的广阔天空，望不到尽头的山川江海。学校安排的美术写生课可以让她大饱眼福，每一次外出绘画都是满足而归，甚至在返校的路上开始幻想做一名画家的前世今生。

学习是这样让人愉悦，由内而外的放松。

在第一女子中学的学习，使得她接触到了更多的古今中外名著。她第一次在课本上看到了鲁迅的名字，当时的她应该不敢想象这个印在课本纸张上的名字，将影响她短暂而不平凡的一生。文学天赋极高的少女遇上浩瀚的书海，她如鱼得水，并以笔名“悄吟”开始在校刊上陆续发表文学作品。

十几岁时的张爱玲也与萧红一样，在学校里开始尝试发表自己创作的文学作品。在二人成长的道路上，有一个细节不容忽视。张爱玲就读的学校与萧红所在的第一女子中学都是思想较为开放的学校，校风平和轻松兼具包容性。天才少女也好，勤奋作家也罢，都是从热爱文学的普通少女成长起来的，而海纳百川、有容乃大的学习环境为这些年轻作家的成长提供了温暖的依靠，促使他们文学自信力的养成。试想，若是学习环境极度压抑且人性丑恶的一面充斥在身边，想必张迺莹还来不及成长为“悄吟”，就已经被扼杀在萌芽之中，何谈以后的萧红。

文学创作，既具象又缥缈，自信是很重要的前提，尤其是对女性作家而言。萧红的《弃儿》在第一次发表的时候，遭到了周边朋友及作家同行的些许质疑，因为她用散文式的语言写成了小说性的故事。有各种各样的作者，就会存在各自各样的作品，文学体裁不是忠奸分明，更无关两极对立，它需要思想的高度融合，就是在这样的思想交流碰撞中，才会迸发出意想不到并意料之外的文学的更多魅力。

先将文笔的优劣与思想的深浅等都抛开，萧红作为父权社会控制下一名不受家族支持且身体极度孱弱的女子，仅仅用她热爱文学的一颗真心去坚持创作，单单这些做法就已经值得充分肯定了，她应该得到应有的尊重。若是依然站在“德高望重”且“资历深厚”的角度上去指责她的文字，实在不能说是一种人道主义的人文关怀，不提也罢。

每个人生命的底线不尽相同，我们无权用自身的承受能力去比对其他并不了解的人，这不仅有失公允，也带有一丝尖酸刻薄。周边人认为那些是不痛不痒甚至无病呻吟的文字，殊不知那是萧红和父亲以死相逼换来的成果，每一个字、每一句话都是生命的呐喊，都是一个弱女子躲避着拳头的抗争。

当四十多人的班级只剩下不到二十人的时候，敏感的萧红知道她的求学经历会再遭风雪，人数减少的原因正是萧红一直抗拒的所谓终身大事——结婚。她下意识地剪短了长发，穿起了男式小西装，即使是“假性女权主义行为”，那种环境下也并不会引人发笑。

那时候的个人命运与国家命运紧紧相连，奉系军阀首领张作霖在返回沈阳皇姑屯的路上被日军炸死的消息在同学之间流传，大家开始惶惶不可终日。恐惧的气氛弥漫了学校的每一个角落。

日本妄想控制东北三省的野心早已经凸显，竟企图逼迫刚刚才失去父亲的张学良与之签订《满蒙新五路》条约。此消息一出，立即炸开了锅。日本的狼子野心和侵略行为引起了全社会的强烈愤慨。1928 年 11 月 9 日，来自哈尔滨大大小小的学校的爱国学生开始罢课并上街游行示威。

萧红参加了这次游行示威，这也足够表明，时代浪潮中的弱女子萧红在国家遭受磨难、同胞遭受欺凌的时候从没有想过要置身事外，大地之母一般的悲悯情怀和拯救苦难妇女的欲望不允许她当一个旁观者。游行示威的口号是从心底发出的，即使微弱，但那时显得竟这样有力量，双脚踏在地上坚实有力，她存在着，她以这样的方式存在着。

国家遭受劫难，她自身也遭了大难。祖父，带给她一切爱与温暖的祖父张维祯悄无声息地离开了……

这一年，萧红刚满十八岁。

萧红出生的时候，祖父已经六十几岁，当祖孙二人在花园里捉蝴蝶的时候，祖父已经年至古稀。祖父撑起了萧红幼年的天空，祖孙俩赤着脚一起走过生活中的荆棘，祖父是萧红与张家唯一的交集。从黄昏到深夜，从秋风到雨雪，萧红的眼泪在记忆里横流。

她的十八岁是最伤痛的洗礼，她不敢奢望与祖父来世相遇，因为那种强忍锥心之痛穿过身体的感觉她再也不要祖父和她一起去承受了。至此，以后的枪林弹雨，萧红将一个人承受，这似乎就是她的宿命，若是认命，她还是可以浑浑噩噩地好过一些，至少吃喝不愁，至于精神方面，那本来就是遥不可及的东西，但是她不会认命，她就是不会认。

记得二十岁时逃离的家从不会属于她，那是父亲的家，那仅仅是张廷举的家，与自己毫无关系。失去了祖父，她不过是寄人篱下，只是寄养在张家而已了。

这回祖父不坐在玻璃窗里，是睡在堂屋的板床上，没有灵魂的躺在那里。我要看一看他白色的胡子，可是怎样看呢！拿开他脸上蒙着的纸吧，胡子、眼睛和嘴，都不会动了，他真的一点感觉也没有了？我从祖父的袖管里去摸他的手，手也没有感觉了。

祖父这回真死去了啊！

祖父装进棺材去的那天早晨，正是后园里玫瑰花开放满树的时候。我扯着祖父的一张被角，抬向灵前去。吹鼓手在灵前吹着大喇叭。

我怕起来，我号叫起来。

“咣咣！”黑色的，半尺厚的灵柩盖子压上去。

吃饭的时候，我饮了酒，用祖父的酒杯饮的。饭后我跑到后园玫瑰树下去卧倒，园中飞着蜂子和蝴蝶，绿草的清凉的气味，这都和十年前一样。可是十年前死了妈妈。妈妈死后我仍是在园中扑蝴蝶；这回祖父死去，我却饮了酒。

——萧红《祖父死了的时候》

十年前与十年后，生死一瞬之间。这里寂静得要睡过去，所以不曾过分关注一个悄无声息的生命的凋谢。生与死还是有区别的，婴孩的呱呱坠地还是会引来邻居的围观，虽然仍旧不知道什么是希望，但可以用来计算时间也是好的。死了呢？死就是死了，埋了就是了。

不知天高地厚的小丫头在祖父离世的那一年被迫长大了，她对生死有了真实的概念。大家都议论张家的叛逆女儿不知天高地厚，萧红隐约知道她要做的事情一定会有牺牲的，可她不畏惧死亡，但她要死得有意义。不知天高地厚又怎样，大地之母的悲悯情怀俯瞰苦难中挣扎的众生，天究竟有多高，地究竟有多厚，这无关紧要。

五、北平烟雨，娜拉的梦境

春天的时光总是那么短暂，和在第一女子中学的求学经历一样，渴望拥有同时又害怕结束，令人患得患失，或者说宁可从一开始就不曾感受到它有多么令人自在满足，何苦现在自己又开始陷入新的踌躇。

这次的暑假令萧红更加不愉快了，因为它是最后一次暑假，这一次回到了父亲的家也许就再也出不来了，即使出得来也可能是去汪家结婚的路上了。看着来来往往的行人，再奢侈地多看一眼吧。穿过西装、读过莎士比亚的萧红自然不想过早地走入婚姻家庭，因为一旦成为男人的妻子，就意味着以往自己的抗争和女学生的身份都会变成一堆灰烬，毫无意义。有了第二次生命和新的经历还是要走上女人的老路，这未免太过讽刺，因为一个“原生态”的母亲至少可以幻想一下孩子们的未来，期待自己由母亲变成祖母的过程，也可以让她们暂时忽略生死交错与机械婚姻生活的痛苦。而萧红却不可能甘于“享受”这种期待了，几年的学习生活，自身性格的与众不同，她的头脑已经被“二次开发”，她不愿意继续抱残守缺，在荒芜的感情世界里坐吃山空，她要继续上学。

但是这几年的自由梦境马上就要被迫醒来，梦醒了却无路可走，那还不如继续睡着。一段梦境结束了，她打算开始做下一段梦了。梦里的张迺莹要做呼兰小城的第一个“娜拉”。

经过内心翻江倒海一般的挣扎之后，萧红坚定了继续求学的想法。与同窗好友李洁吾的交谈中，她对北平有了期待和向往。自由独立的新思想在校园里快速传播，易卜生笔下的“娜拉”成了当时所有同学崇拜的对象。易卜生在塑造这一人物的时候是坚定不移的，但这种新思潮换了环境，换到了这群学生之间，便成了空洞的呐喊。大家不约而同地关注“娜拉”出走的那一瞬间，就在推门而走的那一刻，没有人关注到“娜拉”出走之前，更不会有人去设想“娜拉”出走之后的生活将会如何继续。

空有一腔热血的男女青年们很容易被无形中的思想绑架，冲动一时的选择，不计后果的行为最终都沦为了新思潮的牺牲品。他们的牺牲除了为这些事物增加一丝悲壮的色彩之外，并不能改变其他人的思维方式与生活环境。

一心渴求知识并天真善良的张迺莹在 1930 年的暑假之后，被“娜拉计划实行团队”安排了一个《色戒》中王佳芝的角色。处在青春叛逆期的学生们无一不向往再复制一个出走的“娜拉”，于是他们怒吼着自由独立的口号，继续花着父母寄过来的生活费，并期待一个人能够先迈出这一步。这些天真热血的学生们需要一个“试验品”，当然，他们选中了张迺莹，而张迺莹自己也十分愿意充当这一角色。

于是大家开始七嘴八舌地劝说并鼓动张迺莹，并积极地为她做好逃跑计划。而正在此时，萧红的远房表哥陆哲舜传来了消息。原来为了就读北平中国大学，争取“自由独立”，陆哲舜已经先行从哈尔滨法政大学办理了退学手续，并准备抛下家中的妻儿前往北平，且同意在北平安顿下来后帮助萧红继续读书。

萧红被表哥陆哲舜的“壮举”点燃了，陆哲舜的行为更加坚定了她到北平求学的决心，于是一跺脚就和陆哲舜“私奔”了。这个消息马上在呼兰传开，汪家向张家要人，而束手无措的张家只能不断向陆家施加压力，一时间张家大小姐逃婚的事情闹得沸沸扬扬，正应了邻居的话，张迺莹让张家出了大名。

而所谓的与表哥私奔的传闻实际上是不符合当时的事实的。萧红与陆哲舜在此之前并没有过多的接触，可以说两人彼此之间并不是十分熟悉，传闻中的青梅竹马也是因“私奔”谣言不断扩大化而衍生出来的谈资。

关于两人“同居”的事情也并不符合事实，此“同居”非彼“同居”。二人在北平会合后，为了方便读书上学，他们由最开始的民族宫附近的公寓搬到了二龙坑西巷的一个四合院里。四合院的建筑风格再熟悉不过，是由几间屋子组成的，这并不能说明二人具有实质性的关系。而且萧红之所以追随陆哲舜来到北平也不是谣言中的互生好感，而是对求学的渴望，对自由的向往，当然还有充当“娜拉”一角产生的小小骄傲感。

也就是说，萧红对学校的兴趣远远大于她对陆哲舜的兴趣，她真正想追求的是来之不易的自由，而并非“表哥”的爱情。萧红给好友沈玉贤的信中说：

“我现在在女师大附中读书。我俩住在二龙坑的一个四合院里，生活比较舒适。”

萧红在信中所说的女师大附中，便是现在的北京师范大学附属实验中学，当时位于北平西城区辟才胡同。

随着“私奔”事件不断扩大化，汪家与张家乃至陆家的关系都变得越来越紧张。陆哲舜已有家室，他在北平自由舒适的生活令他对本就是包办婚姻的生活充满反感，于是头脑一热给家里寄去了想要离婚的信件。事情不出意料，陆家把陆哲舜企图解除婚姻关系的原因归结到了萧红这个“行为放荡”的女人身上。此时正一心扑在学习上的萧红，还不知道自己已经成了“背锅”女人，还在和她志同道合的同学们谈天论地。

那时候在萧红眼中的志同道合是志趣相投，是前卫行动，是为了自由解放的一群朋友的抗争。但她又想错了，空有一腔热血的孩子们的志同道合没那么复杂的深意，不过是一个人在犹豫不定的时候将自己的烦恼向另一个人询问、倾诉，而这个人的想法恰恰也跟自己相同。这哪算是什么真正的志同道合，不过是两个人的看法恰好一致了。其实在一个人带着选择的疑问去征求另一个人意见的时候，他的内心恐怕早已有了答案。这些看似有必要的询问只不过是为了借另一个人的想法让自己的选择更加坚定罢了。

出走风波断断续续地进行了一个学期，在即将放寒假的时候，陆哲舜的家里给他们下了最后通牒。

钱，固然听起来很俗，但是真的不能缺少。两个人的冲动出走没有经济能力去支撑，理想太远，现实太惨，就算是每天从早到晚的呐喊也需要吃饭。

萧红与陆哲舜的家境都还算是殷实，可以说二人都没有吃过钱的苦。虽说萧红的父亲冷漠严肃，使她的精神世界遭受了严重摧残，但是还不曾在吃喝上过于苛待她。张陆两家的要给二人中断生活费的威胁开始让他们不安起来，尤其是秋冬交替的时候，萧红再次收到了家里催婚的信件。

陆哲舜不堪经济上的压力，选择了妥协，他开始计划寒假回家，而萧红即使心有不甘可眼下也无路可走，只好跟着陆哲舜一起回到了东北，时间已经到了 1931 年。

“娜拉”的梦，终究是碎了，出走的那一刻是决绝的，不知从何而来的勇气和力量都让自己感动着。但萧红忘了，这本就是风云变幻的乱世，苦难不仅仅存在于张家大院里，不仅仅存在于呼兰小城里，到处都是人心惶惶，哪里都是苦难饥饿。

社会的控制权与话语权都在男性手中，即使逃离了父亲张廷举的掌控，呼吸了几分钟的自由空气，还是会遇到更多的张廷举。逃出去之后，要么就选择自暴自弃的堕落，一个手无缚鸡之力的柔弱女子，堕落成乞丐，甚至是妓女都是可能的；要不就只有回头。

忠于初心，不问东西。这样的语言口号响亮文艺，萧红一直忠于初心，忠于对学习的渴望，忠于对自由的追求。她可以不问东西，但她却应该要知道哪里是东西，哪里是南北。当然不能过分苛责她的一时冲动，毕竟在独立意识刚刚萌芽且男权意识微重的东北三省，女性经济的独立还是所有人挂在旗帜上的口号和目标。

她就是这么简单，甚至容易被人利用，所以文字都不加任何修饰，古朴天然的倔强。文字总是叙述最真实的故事，期望有人读懂她的顽强，了解她的倔强，生命太短奈何故事太长，红山茶只能逆风生长。出生在辛亥革命爆发的一年，预示她自不会消停，她要折腾，她要抗争，她也许就是邻居口中的“茬子”。东北三省改旗易帜，1931 年“九一八”事变，接下来又是抗日战争，时代的洪流推着她往前走，主动出走，也不得不走。

“抗婚”“私奔”，这个标新立异的“小犟女”，等待她的不会是和风细雨了。一生逃亡，一生想象，一生倔强，一生向往。

“好日子”过够了，坏日子就要来了。

六、温馨何曾拥有，山水不再相逢

无路可走的萧红回到了父亲的家，呼兰不是一个很大的城市，张家又是当地颇有声望的家族，所以抗婚逃走的萧红很快成为社会舆论的焦点。走在路上，面对的都是奇奇怪怪的眼神，邻居开始指手画脚地议论，张廷举更觉得脸上像生了刺一样灼痛，同时他担心萧红再度离家出走，在萧红回到呼兰一个多月后，张廷举将女儿送到阿城的福昌号屯软禁起来，并把自己的继母及其所生的几个孩子一起送了过去，意在“看护”萧红。

“福昌号”原是张家店铺的名字，是张家大本营，地处阿城郊区，距离呼兰尚有一段路程，人迹罕至且交通不便。将败坏家族名声的张迺莹软禁在这里再合适不过，断绝她与外界的交往，而且这里的人并不知道萧红抗婚逃走的事情。和萧红住在一起的，大多是张家的近支，张维祯的继室夫人徐氏和张廷举的兄弟姐妹及其子女，大家无疑将萧红视为有伤风化的忤逆女子，美其名曰“看护”，实际上却是监视管制。在这里萧红甚至没有自己的卧房，睡觉的时候都有人在她旁边监视，继祖母徐氏与萧红住在一个大炕上，共同生活的还有张廷举的异母妹妹和张廷举的弟媳。毕竟都是女性，小婶婶和姑姑对萧红的境遇略有同情，有时候趁着没人偷偷地和她说话，送些吃的用的。

靠着冰冷的墙壁，即使是坐在火炕上也觉得寒气逼人。萧红透过挂霜的窗子望着院子里的人，偶尔还会跟鄙视她的眼神不小心对视。他们各自忙碌着，也不知在忙些什么，抱着柴火从黑漆漆的屋子里进进出出，孩子的哭声、男人的喊声。每天都是如此，一成不变，甚至走路的步数也是相同的，萧红熬着，就这样过了六个多月。

在听到了患有精神疾病的大伯父放话要处死她的时候，萧红的精神世界开始崩塌，因为她知道大伯父一定会这样做的，而且身边的人劝阻是根本起不了什么作用的，她就只能作为一个伤风败俗的不孝女死在家族的规矩下，用以杀鸡吓猴，警示他人。她不能这样等死，也不能像一个囚犯一样等着法官的宣判，要逃，还是要逃。

1931 年的 10 月 4 日，院子里还是和往常一样寂静，天还没有亮，萧红在小婶婶和姑姑的帮助下藏在了白菜车里准备随货物一起去阿城，在阿城火车站上车前往哈尔滨。

走在路上的那几个时辰，她看不清前面的路，只知道一直往前跑，什么也不敢想，思维在一瞬间空白了，只要是脚不停下来总是正确的，想把一切都抛开，就做一个赤裸裸的灵魂。

痛苦的记忆就是越想忘记就越会清晰，萧红在后来的回忆中，文字里还是隐约能让人感受到在福昌号屯那段囚禁的日子是怎样的折磨，在这个与世隔绝的地方，生命几乎都快停止的地方，也让她近距离地接触了底层人的生活常态，她看到了妇女的苦难、人们对侵略者的憎恶反抗。

萧红的再次出逃，让其父张廷举震惊不已。他急速赶往阿城，得知了女儿确实已经不知所踪，他忍无可忍，彻底震怒了。继而，他决绝地开除了张迺莹的族籍，把“张迺莹”这个名字在张氏宗谱上抹掉，严令与萧红有关的人再与她偷偷来往，那时的张廷举希望从来就没有过这个不肖的女儿，所有人最好尽快忘了她，只要听到这个名字就会唤起他深深的屈辱感。

哈尔滨的天气开始转凉，心就更冷了。偌大的东方莫斯科，无依无靠的少女，被报童的叫卖声与汽车的鸣笛声包围，不敢哭泣，她把头埋得更低了，把下巴藏在不高的衣领里。家里还会来人寻她吗？想必是再也不会了，凄惶惶地走着，路上的欢声笑语和吵闹哭泣此时都与自己隔了千万里，没有什么关系，她已经是被全世界抛弃的人。

她饥饿，要活下去，要吃饭。在街上漫无目的地游走，对饭馆里的吵闹声起了憎恨，走在雪地上是针扎的声音，针扎的疼痛，从没有这么痛。她想到了马棚，想到了狗窝，路过妓馆门外，那些假笑妓女们都比自己幸福。几天没吃任何东西了，走在雪地上，像是走在棉絮上，软软地，身体几乎要瘫下来，眼睛也开始看不清东西了，迎面走来的貌似是弟弟。

真的是弟弟，两个人一起去了一家咖啡馆。姐弟就这么坐着，听着窗外雪落下的声音。许久了，弟弟开始劝说萧红，希望她回家去。一时低下头又有什么呢？总比现在衣衫褴褛的好太多，一个毫无依靠的弱女子在这花花世界里还不一定会遇见什么可怕的事情。

姐弟二人都不敢再往下预想，萧红变成了一条鱼在深海里游啊游，不知道要游向哪里，但她心里清清楚楚，那边水草茂盛的黑漆漆的泥池里不能去。好像什么都听不见了，萧红拿起桌子上的手帕摆弄起来，看着弟弟的嘴巴一直在动。

从咖啡馆出来后，萧红和弟弟道别，两人分别向相反的方向走去。她不是不愿意回家，此刻还不如乞丐和妓女的自己还是有求生的强烈愿望的，但她太了解父亲是怎样一个人。父亲在宗谱上抹去了女儿名字的一刻，父亲下令不准张家人再跟她来往的时候，那些话就像是严冬里家门泼出去的冷水，洒在地上，瞬间结冰，并且坚不可摧。

坐上离开呼兰的火车的时候，她就知道，有去无回，头也不回。

想必她也是不曾留恋过的，那本来就不是自己的家。张迺莹是寄养在张家大院里的，存在是为了粉饰张廷举儿女双全的美满假象。祖父去世的时候带走了最后的温暖和爱，她终究是一个被嫌弃的女孩子，从头至尾，从来如此。

父爱是从来没有过的，母爱因为给得太少也已记不住许多。门里是把她当贼一样监视看管的继祖母、要打死她的大伯父、要打断她腿的舅舅、年幼无知的弟弟，以及无能为力的姑姑婶婶；门外是煽风点火的邻居，唯恐天下不乱的远方亲戚，真是好一个人间地狱。

那明明是白山黑水滋养着的人们，为什么这心也跟着黑了，变得和黑土地一样黑。生活过的张家大院永远都只有白雪覆盖的冬天，父亲的脸上没有一丝血色，一个忙着生又忙着死的地狱。每个人都像是下葬时工匠赶制的纸糊人，瞪着漆黑无神的眼睛等待着，忙碌着，也正在死亡着。

一天天地熬着，就这么挨着。不能决定怎么生，也不能决定怎么死，但要决定怎么活，怎么爱。萧红脑子里不断地回响着这句话，前路不知方向，不知道下一秒会不会就是死亡，就是横尸街头也绝不会再走回头路了，就是这么倔，因为不甘，因为还有太多心愿，有太多幻想没有实现。她不会再有家乡，不会再去憧憬家庭带给她的温馨，那种感觉真是奢侈品，从来就不曾拥有，现在也就不会惋惜。

从此形同陌路，愿山水不再重逢。

七、若你许我春秋，我愿一次回首

“九一八”事变后的哈尔滨更加动乱不安。人们朝不保夕，几乎是听着枪炮声过日子，本就流离失所的萧红在动荡的环境下也更加茫然失措，她的生活里只剩下饥饿和死亡。万般无奈之下，她选择了曾被她背叛过的未婚夫，他叫汪恩甲。

其实不能叫背叛，萧红反抗的是包办婚姻的陈规和门当户对的旧俗，而她对汪恩甲本人并无太多的反感。这段关系绝非是坊间流传的那样，汪恩甲学历颇高，家境也好，长相也可以算得上相貌堂堂。他是哈尔滨法政大学的学生，熟悉多门外语。如若不是为了追求自由、反抗父权专制，萧红是愿意跟汪恩甲结婚的。

但是因萧红与陆哲舜的传闻，汪家一怒之下解除了二人的婚约，两人的关系也就名不正言不顺了。在二人订婚之初，对彼此均有好感，一直保持着书信来往，萧红也曾向同学说起过这位“未婚夫”，可见在那时的萧红心里，她是接纳汪恩甲的。

诸多传闻和影视作品中，这段同居关系被演绎成了强迫——萧红为了生计，不得不委身于恶少汪恩甲，喜好吸食鸦片的汪恩甲不时地对萧红拳打脚踢，更有甚者描述汪恩甲特地奔至北平找到萧红后企图强行与之发生肢体上的接触。这种描述只是为了突出萧红身不由己的困境，也许是为了给萧军的出现埋下伏笔，所以在正反对照中，汪恩甲则沦为了绝对的反派。

倔强不甘的萧红，她是不可能为了生计去委身一个毫无感情甚至厌恶的男人的，可以肯定的是他们之间存在着些许感情。女孩子在脆弱低谷的时候，尤其是萧红这时候正身陷于饥寒交迫的窘境，汪恩甲既是对自己始终有好感的未婚夫，又是她在异乡遇见的老乡，她很容易敞开心门。二人发生了实质性的关系，也是在茫然无望的生活中水到渠成的结果，哪里存在强迫？“强迫说”其实也是对萧红的不尊重。

正处在逆反心理阶段的女人一般不会向家里低头，尤其是在感情方面。她们会产生或多或少的“报复”心理，比如私奔的女儿和男方离家出走的行为其实多半是女儿的赌气行为，是为了向父母宣示。但是往往不被大多数人看好的婚姻，终将是不幸的婚姻，因为女人的尊严在那一刻荡然无存，从此丈夫在妻子这里可以毫无顾忌地挑战妻子的心理底线。女人抛下一切，给了丈夫无限制伤害自己的权利，但也不过是未经历柴米油盐的爱情至上的心理所引发的冲动，父母的反应越激烈，女儿做出冲动的选择就越决绝。

汪恩甲对萧红始终有意，所以他很愿意接纳她，只是汪家此前就已解除了婚约，不能带萧红回汪家，只能暂时居住在哈尔滨道外正阳16街的东兴旅馆。

在旅馆居住的两个人身无分文，汪恩甲也是一直依靠家里寄来的生活费过活。旅馆的老板之所以愿意他们赊账，恐怕也是和当时的世道有关。动乱的哈尔滨，人员流动很大，几乎所有的生意都不大景气，另外老板与汪恩甲还算熟悉，知道汪恩甲是富家公子。

两人入住旅馆后，总算是依靠赊账解决了温饱的问题，相信也度过了一段短暂的甜蜜时期。汪恩甲同意资助萧红继续前往北平读书，尽管萧红不十分爱他。其实眼前的一切无所谓契约，无所谓爱与不爱。爱与不爱又将如何呢？但是跟流落街头或是回到那个“人间地狱”的家比起来，此时短暂的平静也能让萧红茫然的心稍微安顿下来。汪恩甲作为未来的丈夫，想必也是给未婚妻吃了很多定心丸的。本就极度缺爱的萧红，听汪恩甲描述未来理想、美好的夫妻生活，也曾向往期待过。缺乏家庭温暖的萧红，在爱情里低到尘埃，是显而易见的事情。她太想念祖父，精神上发生了情感的投射也并不奇怪。

根据萧红好友李洁吾的回忆，萧红曾平静地对他说会嫁给汪恩甲。也许，当时无依无靠的萧红找不到任何可以停靠的港湾，又是时局动荡的年代，更不可能再回到呼兰，做汪家的儿媳妇是她当时最合适的选择了。身体本就孱弱，又身无分文，没有工作就没有经济来源，她想到了退一步也许就会海阔天空。

汪恩甲给未婚妻开了许多空头支票，当然不是欺骗。他觉得回家哀求一下父母，他们也许会不计前嫌，再次接纳迺莹，况且现在他有了更加充分的理由，因为萧红怀孕了。

萧红倔强的心第一次有了松动，去汪家做儿媳妇，可以实现自己未完成的学业梦想。汪恩甲的许诺历历在目，漂泊不定的生活太需要承诺。他承诺了一生一世的守候，承诺亲情围绕身边的日月春秋，而且现在还突如其来地有了这个小生命，如此倔强的萧红想试着回首。

两个毫无经济来源的人，在旅馆里渐渐坐吃山空。眼看萧红的肚子一天比一天大了起来，面对老板的催债，汪恩甲开始慌了。他决定回到汪家筹钱还债，并劝说家人接纳萧红。

命运狭路相逢，萧红不能幸免于此。她万万不曾预料到，这一次的退一步，并不是期待已久的海阔天空，而是万劫不复。

八、站在洪流的路口，吟唱过此生不朽

忘了是哪一天的凌晨，汪恩甲以筹款为名只身赴家，从此杳无音讯，至此人间蒸发。记不清他是何时走的，也许是天刚蒙蒙亮，或许是夜里就走了，萧红不记得，也不想记得。

在未婚夫汪恩甲回家筹钱的一个月里，怀着身孕的萧红对汪恩甲的搭救抱有很大的希望。汪恩甲的离开让她又变成了一个人，此时怀孕引起的身体反应与望穿秋水一般的心情，让萧红如坐针毡。她经常对着窗外的雪花发呆，拖着沉重的身子移来移去，从床板上移动到窗帘旁。

饥饿感又来了，因为汪恩甲的失踪，旅馆老板停止了对萧红饮食方面的供应。汪恩甲离开时，他们已经欠下四百多元的食宿费用，老板已经忍无可忍，索性也不顾及萧红正怀有身孕，把她当成了人质，强令她搬到了旅馆二楼堆杂物的储物间里，并命令伙计严加监管。

三十多天过去了，汪恩甲依然是音讯全无。旅馆老板与伙计商议，等着萧红生下孩子后将她卖到巷子里的妓院抵债。老板怒火冲天一般，与伙计在旅馆正门前叫嚣着，抬头就可以望见监管萧红的屋子，萧红当然也听得见。

她想着自己不能坐以待毙，汪恩甲的“失踪”好像是冥冥中

的预料。他不见了，也不会让萧红震惊万分。动荡不安的世道不能指望什么人道主义关怀，老板和伙计发发慈悲心，瞬间意识不清冲昏了头脑这永远不可能，也就不需要痴心妄想。只能暂时忘了自己是个女人，虽然肚子里还活着一个，萧红开始思考着如何自救。身背与汪恩甲一起欠下的巨债，现在还要带着他的血脉一起逃生，这听起来愁苦又讽刺。“大地之母”的身份不能将她忘记，萧红依然要和苦难的民众一起经历这些冰与火的挣扎，个人与国家的命运再一次紧紧相连。

1932 年 3 月，日本扶持建立“满洲国”，并立清废帝溥仪为满洲国皇帝，定都长春。

伪满政权的建立使得本就民不聊生的东三省更加满目疮痍，死人比吃饭变得还寻常，街上的百姓被误杀的事情时有发生，此时的富人与穷人好像已经失去了界限，在侵略者的炮火面前，所有人都失去了以往的个人身份，大家都是一种人，是国破家亡的人。吃了上顿没下顿，看见了月亮不一定可以看见明天的太阳，哈尔滨的人员流动变得比之前更加频繁。

1932 年 6 月，北方地区进入了雨季。时局动荡的哭泣，化作了连绵的雨从天空落下来。也许天上有一片海，让这雨似乎永远也下不完。难道天上也住了一个上天无路、下地无门的弃妇，那她怕是哭瞎了双眼。

此时，能让储物间里的弃妇依靠的，就只有窗台旁的窗帘布。萧红数着雨滴发呆，沉思太久，几乎要进入梦里，深深地靠上去，头一下子磕到了窗子上。原来这窗帘都变得不可靠了。一个不是母亲的母亲，不是弃妇的弃妇。世间有什么是永恒不变的事物，还有什么能让我去依靠？窗子外的世界是阴雨连绵，窗子里的世界是黑白颠倒，不知道什么时候开始睡去，不期待什么时候能够醒来。

温热的六月，雨下得好冷清，她继续数着雨滴。理智与冲动，只自己能懂。灵魂要走了，只剩下了一个壳，永远躺在这里。一尸两命，还会不会有人突发悲悯，为自己写上几句墓志铭？

沾满灰的桌子上有几张褶皱不堪的旧报纸，是在女子一中读书的时候就喜欢上的《国际协报》，这是上天对萧红这个宁死不屈的女学生的最后祭奠吗？生命虽短，还不到末路的时候，这份《国际协报》是萧红现在唯一能够抓得住的救命稻草，也是她与外界联系的唯一渠道。

苦海中挣扎的弱女子不会放弃任何一丝重生的希望，她是那么渴求鲜活的人生、那血红的心脏不断跳跃的节奏。她准备向《国际协报》投稿诉说自己的遭遇。她急切地渴望有人看到能够对她伸出援助之手，于是她就赌上这一次，开始了一个等待。

这一天是 7 月 9 日。

这一次，上帝终于公平了一次。萧红的求救信被《国际协报》的副刊主编裴馨园看到了，他是一个心地善良的文人，了解了大概情况之后便带上了几名报社的同事一起赶往东兴旅馆探望了萧红。裴馨园与旅馆老板协商后，旅馆恢复了对萧红的饮食供应，萧红终于看到了活下去的希望。

萧红是一个无论到怎样绝望的境地都不愿意放弃纸笔的人。因为不用再饿肚子，她的重心又转移到了书本上。虽然旅馆老板答应裴馨园不会再虐待萧红，但是依然不给她人身自由，因为四百多元的食宿费在当时算是一笔巨款，没人能还得上，萧红更不必说，报社的几位文人也同样一筹莫展。

无法停泊的心又掉在了深海里，萧红拨通了《国际协报》报社的电话，这一次她是想在裴馨园处借阅几本书来打发困苦难熬的聊赖日子。接听电话的不是裴馨园，是他的同事，那时候他还叫三郎。

三郎带着裴馨园的一封信和两本书来到了东兴旅馆那间堆满杂物的储物间，他第一次见到了这个欠债被囚并身怀有孕的落魄女学生。

他眼里的她，苍白无助，挺着大肚子，但依然可以看见清晰的锁骨，不见北方女子的高壮，宛若一个江南女子的气韵。一人居住的阴暗房间，霉气扑鼻，透不进夕阳西下的光线，出于男女有别的避嫌心理，三郎放下书和信就马上要离开。

“我们谈一谈。”萧红说道。

三郎“鬼使神差”般地坐了下来，不敢直视萧红的眼睛。此时空气略有凝固，三郎先打破寂静，眼神飘忽不定地扫了一眼旁边堆放的几页纸。他翻了几页纸，意外地发现萧红竟然在创作文字，她在写诗，还在临摹《郑文公》中的文字，他讶异了。

然后就是几个小时的长谈，三郎发现这个落难的弃妇身上竟然有一种从未被世俗发觉的别样尘韵。那是一种沾染丝丝乱世岁月的尘土味道，但她所散发出来的竟不是悲悲戚戚的苦难，而是对生活的憧憬、对生的强烈渴望，因为这种渴望又带有书卷气息与非同一般人的气质，这些东西放在一起却恰恰说不清了，形容不清了。

三郎不再“漠然”了，他本是一名报国无门的军人，与文字打交道也不过是“业余文人”用来糊口的方式而已，但这次见面，这次从内心散发出来的喜悦让他觉得这个“文人”当得竟然如此美妙。他是有英雄情结的人，英雄救美的行为让他整个人看起来熠熠生辉，他开始暗暗许下誓言，眼前这“美丽的灵魂”不可以被苦难继续摧残，即使她不想自救，即使上帝在饮着苦酒，那么他也不会见死不救。

两人的相遇开始改变着周遭的一些东西，三郎隐约察觉世界在变了，天气在变了，人也开始变了，思想也在变了。阴暗的储物室里，女子的灵魂在闪着光，她的见识，她的文字，她的衣着，她所有的所有，她一切的一切，此时就成了三郎的一切！

这一天，是7月12日。

密不透风的储物间，两位文学青年谈着谈着就忘了他们各自的境遇，忘了乱世的动荡不安，忘了彼此的身份，忘了世界，忘了那个社会，忘了旅馆的储物间。他们的奇遇把小小的储物间变成了独立于一切事物之外的“第三世界”，这个世界里只剩下他们。

时间一点点地过去，多希望慢一些，这是萧红逃离之后第一次希望时间可以过得慢一点。太阳即将落山了，天暗下来，三郎把自己身上仅剩下的五角钱交到了萧红的手上，因为这是他返家的车费，所以他只有步行回家。但他是愿意的，若是几个月没有剪的头发可以换钱，他愿意连根拔起。

回家的一路上，三郎不停地回想萧红所说的每一句话。她的每一个表情，他想他是彻底沦陷在了这个女子的感情里，像刻在了脑海中，怎么也抹不掉。

第二天，接近天黑的时候，他又来到了东兴旅馆的储物间，等不及要见到她，没有让裴馨园知道这件事。

迅速地，确实是过于迅速了，一切都发展得太快了。仅仅是见过一面而已，不知哪里迸发出的感情，又是说不清的感情，两个青年男女在命运与文字的融合之下碰撞出激烈的火花。那火花熊熊燃烧起来再也落不下，即使窗外一直是绵绵细雨，窗内是一次电闪雷鸣。

烈火一下子就燃烧起来，只有皮肤上的汗浆能浇灭此时的场景。两个有故事的灵魂，就这样在漆黑的夜里，在霉气扑鼻的储物间紧紧相拥着。

电闪雷鸣，三郎闪电示爱。二人的定情，如惊雷一般炸响。烈火燃烧下，电闪雷鸣时，落难的弃妇做了最大胆的选择，她做了最绝望的释放。就在那一刻，解放灵魂，解放身体，一次最不计后果的酣畅淋漓，一次最无所畏惧的勇气，行最震撼的爱，写最叛逆的情。

这一天，是 7 月 13 日。

即使依然身困旅馆，但她已经重生。

情与爱的洪流、命与运的洪流，向她袭来。在爱的勇气下她无所畏惧，暴风骤雨又如何，这不知原因的疯狂恋情好像给了自己一个不朽的生命。

此时她的心中依然生长着对自由的渴望，即使它听起来是遥远的，也许正是因为这种遥远才给了落难女学生一个璀璨的借口。压制束缚的反面，恰恰不是自由，更多的是茫然。这种茫然酷似一个绝望冰冷的泥潭，拉着萧红往下走。在泥潭里挣扎的女子，除了自己之外，没有任何可以交换的东西。自由，果真是要付出代价的奢侈品。

命运的十字路口，她等待着一次绝处逢生，前方是暴雨或是洪流，她决心要去拯救，注定是“越轨”出走，不和困境低头，不向命运服输。

她叫萧红。

九、命运狭路相逢，得以绝处逢生

两个人在连绵不绝的雨里，都知晓了对方的心意，似乎不用多说一句。没有罗曼蒂克，也不用感天动地，就这么毫无顾忌甚至毫无理由地相爱了，此时任何修饰的语言都显得多余。

“自愿”还是“非自愿”，已经变得模糊不清。三郎的记述里也充满了“从来没有”的感觉，人世间一切美好精致的词语都不能够去描述她。但是现在的激情，即使像暴风雨般地袭来，在现实和金钱面前也显得太费力了。费力雕刻“爱情”的年代，激情与柔情的结合体，超脱于理智之外的感情是很奢侈的稀有物种。三郎可以妙笔生花，但却生不出更多的钱来，彼时的哈尔滨到处都是扛着枪的日本兵，写出来的文章只能去给鬼看，仅有的那些稿费也只够解决三郎一个人的饥饿问题。而《国际协报》的同事们对处在困境中的萧红也只能无奈地摇头，都是在乱世里挣扎又不想丢掉情怀的清贫文人，哪里能负担得起四百多元的巨款。

萧红数了近一个月的雨滴，产生了“作用”。连续的降雨之后，松花江大堤竟然决口了。哈尔滨城内成了一片汪洋，低洼路段的水面上竟然可以游船，毫无疑问，东兴旅馆也遭此水难。水深几尺，旅馆的柜台几乎快要淹没了，几个伙计坐到柜台上避水，老板和更多的人四下逃散，完全乱了阵脚。

旅馆数十人纷纷逃命，早就无暇顾及欠债的萧红，走廊里的人乱作一团。萧红听到了二次洪峰即将袭来的消息，她拖着沉重的身子爬上旅馆的窗台，看到了搜救船只，她奋力推开窗子大声呼救，终于引起了对方的注意。萧红从二楼的窗台上跳到了船上，她得救了。想不到竟以这种方式重获了人身自由，好运与厄运混合在了一起，她心中五味杂陈，面对依旧高涨的洪水，也顾不得许多，混乱之中她想到了《国际协报》的裴馨园。

船不停地向前游动着，萧红漫无目的地逃走。她抬起头，亲吻了一下头顶的天空，半闭着双眼，用力地吸了一口空气，睁开双眼，看见了久违的太阳。太久没有接触到外面的世界，这一切都显得生疏而不真实。但旁边逃难的人们，瞪着惊恐的眼睛，张着的嘴闭不上。萧红还是本能地注意着来来往往的船只，她在寻三郎，她知道三郎一定会来救她，即使没有看见熟悉的身影，但她还是相信。

三郎当然来了，面对滔滔洪水，他搭船赶到了东兴旅馆。旅馆的一楼已经完全被淹没，整个旅馆已经空无一人。他稍微心安了一些，因为他了解萧红，她不会放弃一丝生还的希望，二楼没有一个人，她一定是自己逃走了。

萧红的肚子更大了，身子也更重了，一步万难。她辗转几个时辰，终于找到了裴馨园的家，几乎用尽最后一点力气，敲开了裴馨园的家门。

至此，萧红重获新生，她又一次在死神即将来临的时候绝处逢生。一场战争成全了白流苏与范柳原的夫妻之缘，一场洪水竟然让萧红因祸得福。

知道萧红获救消息的三郎马上赶到了裴家，裴家有几口人居住，房屋不大，怀有身孕的萧红只有在客厅里暂住。裴馨园与家人商议，请求家人尽量给萧红留有更多的个人空间，但家中突然出现两个“不速之客”让本就空间不大的房间更加拥挤了。时局不安又突遭洪灾，以往家中粮食还勉强糊口，人口增多之后就有些捉襟见肘了。裴家人对萧红的到来，颇有微词，确也无可厚非。

三郎是特立独行、自尊心极强的人。人以群分，他当然也知道萧红此时的尴尬心境，所以为了避免给朋友家人增加麻烦和负担，他们只有晚上回来居住，白天多数时间都是在外游荡。

两人如同丧家之犬一般，走走停停，坐一会儿说说话，再走一会儿仔细看一看对方的眼神。两人的眼神里都是发光且坚定的，两颗心膨胀着，想找一个出口冲出去。同时，困窘的是，萧红的肚子更大了，产期一天天临近，她走路愈发艰难，长期的饥饿导致身体营养不良，加之惴惴不安的情绪让萧红本就羸弱的身体更加不堪。

这一天还是来临了，临盆的萧红开始在土炕上不断地惨叫，她滚过来又滚过去，肠子是不是断掉了？皮肤是不是被撕裂了，她像一个赤发鬼一样在三郎的怀里挣扎。她的叫声在窗子上射出去，那声音砸碎到地上，都成了深深的洼地。

孩子终于生了下来，是一个女婴。萧红不记得孩子的样子，因为她只见过孩子一面，还是在护士的怀里半裹着。护士把女孩抱到了病房，萧红转过脸，对着墙壁大叫“抱出去”，她拍打着床铺，近乎哀求地让护士抱走了孩子。

孩子落地了，竟没有成为母亲的一丝惊喜。孩子，你为什么要投胎在我的肚子里，投胎在这个不是母亲的母亲身体里？你没有父亲，不知道父亲在哪里，眼前的一切不属于我这个母亲，也同时不属于你。孩子斑斑血迹，是那个霉气扑鼻的储物间的见证者，是不知所终的汪恩甲留在这世上的痕迹。孩子是不该来的，跟着这样的母亲她不会过上安稳的正常人生。耳濡目染中，她是不是会走上母亲的老路，或者是复制其他被苦难浸泡的女子的一生。或许，孩子如果不是一个女儿，会让萧红更安慰一些。当然这不是嫌弃女性思想的世代相传，这世界给予女性太多的厄运、数不清的枷锁、不知道从何时开始的奴役观念……周边的一切都是为女人而生的恶意，尖酸刻薄的冷冰冰，女儿平安一生就要费尽周折，她要重复这血肉模糊的伤口，承受十二级的强烈阵痛。

萧红不敢再想，虚弱无力的她此时唯一的能力就是逃避。她必须逃避。所以孩子在出生六天后就被一个女人抱走了。眼泪再也忍不住，她把被子蒙在头上，泪水瞬间浸湿了被子。

萧红的伤口又开始痛起来，她像一条受伤的蛇在床上滚来滚去，医院因为萧红没有支付治疗费用而拒绝提供镇痛药，从窗子外跳进来的三郎发狂了。

他径直跑进医生的办公室，紧紧抓住医生的领口，怒吼：若是你今天医治不好我的人，她若因此而丧命，我会杀了你！杀了你的全家，杀了你们院长的全家！

三郎爆裂了自己，也爆碎了一切，终于等来了期盼已久的镇痛药。用过药之后的萧红开始昏昏睡去，苍白的脸上开始有了点点血色，多了一些恬静，她安睡着。

但是因无力支付接下来的费用，纵使三郎如何发怒，他终究无法与院方对抗下去，在医院住了二十几天后，萧红被医院赶了出去。

因分娩而入院的母亲却没有孩子，两个人走在冷冷清清的街道上，好像经历了一场大火，在烈火中逃脱出来，但是家被烧了个精光，也没有了家人。两人无处可去，还是回到了裴家的客厅暂住，不久之后三郎与裴馨园的妻子黄淑英起了口角，因为邻居谈论萧红的私事让三郎掩盖不住内心的怒火，一气之下他带着萧红离开了裴家。裴馨园略显难堪，又碍于妻子的情绪，于是给了两人五元钱让他们搬去其他地方居住。

洪灾过后的哈尔滨依旧混乱，旅馆的生意因为人员流动大竟然景气起来。辗转几天之后，萧红与三郎入住了新城大街的欧罗巴旅馆，两人依旧是饥寒交迫。这是一家白俄经营的旅馆，每天早上看见女佣悬挂在其他客人门上的列巴面包都想上去闻一闻，真是太饿了，心中竟有了偷盗的冲动。萧红每天都在三楼棚顶下的小房间里等着三郎回来，那时候两人没有固定的经济来源，三郎每天的任务就是不停地四处借债。

进了 11 月，天气更冷了。三郎说他找到了工作，是给一个铁路局王科长的儿子做家庭教师，每月二十元的酬金可以抵房租。这无疑是雪中送炭的消息，两人忘了饥饿，在房间里拥抱起来，生活虽然处处是困苦，但是那种从心底发出的喜悦是醉人的，甚至是可以撼动房间的。

一辆马车，上面坐了两个人，一个扶着行李箱子，一个怀里抱着个脸盆。他们搬进了道里区商市街 25 号内的一个狭窄的半地下室里。条件简陋的房间一点也不觉得拥挤，因为那是两人的家，有了它，他们不用再像丧家之犬一样四处流浪了。

就这样安顿下来了，每晚吃蘸着盐巴的面包就是他们一天中最开心的事情。萧红与三郎在依然窘迫的日子里同甘共苦，她也开始食指亦沾阳春水，学着与锅碗瓢盆共处。

还不到二十二岁的萧红在流离失所的生活中好像变得比以前更加坚强且坚定，她的表情还是那么倔强，还是没有一丝悔意。即使整个世界都是强者制定的框架，男人们把女人拖进格子里，她还是跟不顾一切离开家乡时一样，从未服从于命运。

昏黄的灯下，披着旧棉衣的萧红转过头来问三郎："你为什么爱上我呢？你看上了我什么？"

"你的才华啊！"

特立独行的男人比离经叛道的女人更幸运一些，眼光也更睿智一些。不知道这种情形是否真的发生过，但在萧红心里，她一定这样想过，也不止一次地问过。

因为才华而产生爱意，不知这样的回答是否能让萧红满意。储物间第一眼见到的三郎先生，看起来是那么遥不可及，若想看清他的脸似乎就必须生活在云层里。爱上自己的时候，是不是他也变成了一名凡夫俗子，当两个人都有爱意的时候，这场爱情才真正有意义，在爱里彼此欣赏，就成了眼中最不平凡的人。

商市街成了最不平凡的街。张迺莹的流浪看似结束了，但萧红的流浪才刚刚开始，并悄悄来临。

第二卷

沟壑纵横的流浪地图

一、哈尔滨——红豆无国亦无家

事实并非一般人所想，曲高和寡的才女并不是十指不沾阳春水、不食人间烟火的孤冷仙子。在商市街25号居住的那段日子，萧红还会出入当铺，用她生涩的“生意语言”与老板讨价还价，还练就了一些“商业头脑”。在家里等待三郎的日子太痛苦无助，竟也忐忑起来，这样的“等待”，她曾经历过太多。所以待身体逐渐恢复后，她急于外出工作想为两人的小家分担生活的压力。

他问她肚子还是不是那么痛，她说不痛。他迟疑了几秒就推开门出去，回过头来看了她一眼，然后打了打帽子上的雪，消失在了风雪里。这不是安宁环境下的谈情说爱，也不是父母之命、媒妁之言的妥善安排，不是给爱人送鲜花，面包比鲜花更重要，面包比爱情更实际。

每天分享面包渣的人还是忘不了情怀，在拼命生存的过程中，吸引力法则的神奇力量渐渐浮出水面。萧红与很多同样无梦可做的文艺青年走到了一起，他们因共同的爱好而相识，友谊因共同的理想信仰而坚实。因萧红出类拔萃的绘画才能，她参加了由好友金剑啸发起的“维纳斯画展”。刚从水灾里死里逃生的萧红，没有忘记救助更多的水灾难民。她就是这样一个人，从未想过自保，每次都是在险象环生中仰望天空，在侥幸逃生后急于拯救他人。她看不得自己经历的苦难与挣扎在别人身上再发生一次。

对于萧红来说，写作是最好的镇痛剂。在舒群、罗烽等好友的鼓励下，她开始了真正的创作。小说是镇痛剂，回忆是过墙梯。她不得不寻求自虐，一遍遍回忆不敢回忆的曾经，然后润色渲染。这些回忆因强烈的真实性敲打着人的神经，渐渐地，她把这些自我煎熬演变成了最擅长的形式，不得不说她的确是一个“自产型”作家。

曾经以为“悄吟”已经死在了东特女一中里，却不想她的笔名和她本人一样无坚不摧。1933 年的 5 月 6 日，《大同报》副刊开始刊登萧红的纪实性散文——《弃儿》。那一刻，东省特别区第一女子中学的自由时光好像又回来了，对于她而言，印在报纸上的文字不仅仅是文字，那是她这个人真实存在的证据，是她实现自我价值的方向，这对她来说十分重要。

《弃儿》是萧红个人真实生活的纪录，描述了一个弃妇如何被抛弃、如何获救并抛下孩子的故事。这篇文章长达万字，萧红完成后，由三郎投给了做编辑的好友。朝不保夕的饥饿年代，文字显得更有力量，也更纯洁。若是萧红晚出生许多年，她的这种投稿经历恐怕又会被恶意满满的周围加以诟病，语言也许会更加恶毒，就像冯歪嘴子[①]的邻居。将一个希望虔诚活在人世间的“预备型天才”扼杀在萌芽里，是最容易的事情，同时也是最能让人满足且洋洋得意的行为。不过当时大多数人处于动荡不安的局势中，哪里还会注意到萧红的渐渐崛起呢，这也算是苦难才女的点点幸运。

自《弃儿》发表后，萧红的《王阿嫂的死》《中秋节》《夜风》《八月天》等文章如雨后春笋般涌起，此外萧红还成为《大同报》文艺周刊《夜哨》的主要撰稿作者。

① 冯歪嘴子：萧红的《呼兰河传》中第 7 章着重描述的人物，是一位敢于打破封建传统规矩的奴隶。

这些年，萧红在生生死死中反复挣扎，记录生的残忍、血的飞溅，这是水到渠成的事情。两人虽食不果腹、惨不堪言，但依然没能忘记创作情怀。经过一番周折奔走，他们在友人的支持赞助下出版了小说散文集《跋涉》。

《跋涉》收录了十二篇文章，分别是三郎的六篇小说与萧红的三篇小说、两篇散文及小诗《春曲》。《跋涉》问世之后，立刻在哈尔滨及周边地区引发了不小的反响。虽然此时萧红的文笔还略显青涩，但已经在字里行间流露出不同于同时期许多作家的新鲜气息。她因为年龄较小且创作经验不足而显得文字不太深刻，但因记述的强烈真实性而显得十分生动。她的作品整体气氛是压抑痛苦的，结局也大多走向悲凉，小说大部分的主角是女性，她们绝望无力又不做作，她们生活的空气是愁怨无助，她们家里的炊烟也是惨淡迷茫。

可以说《跋涉》的出版奠定了悄吟和三郎在东北文坛的地位。侵略者铁蹄下的东北三省，正是国破山河在、刀枪无眼、浓烟滚滚的时期，尤其需要三郎这样东北籍的作家勇敢地站出来，用他们的文字发出时代的强音。而众多东北作家中，萧红独树一帜，是“万绿丛中一点红”的存在。女性的天空是低沉的，女人的翅膀是柔弱的，因为女性的身份而备受折磨的萧红在这个特殊时期却由于女性作家的身份而发出了最耀眼的光芒。

她所受的苦难，何尝不是当时所有女性都正在经历的苦难？在抗争与顺从的思想浪潮里无限折磨，要么服从命运活下去，学会接受眼前猝不及防的种种改变，而往往这种顺从接受恰恰成了活下来的重要动力。若是不接受呢？萧红她就是如此，她永远不甘心接受眼前的一切，她知道身上的羽翼并不丰满，但是她要飞，即使会被流弹击中掉落深渊。当周围的一切都是清冷孤寂，她也会悲怆绝望，但绝望中透着坚强，透出一种倔强，这是生的希望。严冬这样无情，把大地冷冻，大地却要裂出一个口子。萧红从不相信命运，哈尔滨的日子是真真切切的窘迫，也是真真切切的幸福，一顿香喷喷的列巴圈过后，两人在商市街上一路狂奔着，拿着书，背着乐器，那挂着霜的嘴巴笑得是那样开心，那样欢畅。

年轻的母亲生下孩子的时候，她对事物的洞察力在悄无声息地溜走，萧红避开了它。在哈尔滨生活的最后一段时间，他们两人正处在热恋期，迸发出的激情和心跳总是会以文字的形式输出，这是萧红创作初期的一个潜在动力。对于女人来说，作家的身份与女人的身份不能融为一体，这样的双重身份会让每个女作家更加矛盾也更加脆弱敏感。时代不允许一个女人做回真正的自己，即使是一个简单得不能再简单的愿望，离经叛道的萧红尤其比离经叛道的三郎更加凄惨，社会将会给予她更残酷的惩罚，能者多劳必定满身疲惫。

《跋涉》的书名具有强大的预示力，她注定一生漂泊，孤独无依。小说集出版之后的反响巨大，但也同时给刚刚实现文学梦想的青年男女带来了厄运。《跋涉》的字里行间流露出萧红略为女权主义的思想倾向，对在苦海里挣扎的女性表现出无限的怜悯情怀，同时作品大量描写了在日寇统治下难民们的艰苦生活。《跋涉》成了非法出版物，不合伪满《出版法》规定，当局很快将《跋涉》查禁。

伪满当局对当时的社会舆论进行了更加严格的控制，开始了文化专制主义，白色恐怖弥漫。萧红的朋友连同他的妻子遂被日军带走审问，一时间萧红与三郎感到了深深的压抑。此时萧红所在的剧团也开始解散，大家都计划着逃离哈尔滨。因为都是些刚毕业不久的青年，这群年轻人根本不具备与日寇周旋的能力，为了生命安全，萧红和萧军只好坐上前往大连的火车，然后换乘日本货船大连丸到达青岛。

离开哈尔滨的当天早上，萧红再次陷入踌躇，命运真是喜欢同她开玩笑，刚刚看似稳定下来的生活又被无情地打乱了，这样地猝不及防。自己的身后经常跟着一些不明身份的人，家门前也常有莫名其妙的人在打量自己。《跋涉》出版了，现在自己又要“跋涉”出去了。

两人在哈尔滨商市街25号吃了离开哈尔滨前的最后一次早餐——面包和红肠。萧红手摸着做饭的锅，此时坚定的眼光变得空洞了，她望着门框，呆呆地望着。

"走吧!"

三郎的声音，依旧铿锵有力，打破了萧红的迟疑。萧红推开门，悄悄走出来，不敢回头望一眼，她的心像一块石头不断地往下坠，硬要把她一起坠下去一样。萧红手里挎着小包袱，挽着三郎的手臂，两人向中央大街方向走去。

从家门出来之后，萧红与三郎到朋友的天马广告社停留了一夜，第二天两人搭乘火车离开了哈尔滨。

浪儿无国亦无家，向关梦里路天涯。别了，我们的第一个小家；别了，商市街25号；别了，哈尔滨。

匆忙离开哈尔滨，这一别竟成永远，直到这只无脚的飞鸟停落在香港浅水湾，这一生，萧红再也没有踏上过返乡的归程。哈尔滨，是她逃离父亲家来到的第一座城市，也是她流浪生涯的开始，亦是她文学梦想的启航。她在这里绝处逢生，在这里遇见此生最爱，在这里种下相思的红豆，在这里她开始完成由女人向女作家的痛苦蜕变。

走过长亭又见短亭，一个炙热的灵魂，一个无所畏惧的流浪者，想怎样活，就怎样活。萧红的生命开始分裂为沟壑纵横的流浪地图，破碎，用破碎去完整。

她嘴角微微张开，苍白的表情令人生畏，是在滚烫烫的岩浆上走过的颓废，让人误解她吸食鸦片了的颓废。为了这天堂的美，她选择不断徘徊。

二、青岛——你要受过多少苦，才能让文字冰冷透骨

人们忙着生，忙着死，这是一部在风雪里不断跋涉的生死书，一个女人刻画了一群的乡村女人。恰似生育的训练场，任何一株茅草，哪怕是路边被牛马踏过的野草，都可以超过人的价值。生得痛不欲生，活得牛马不如，死得艰难困苦。萧红在感情旋涡里不断沉沦，在文字创作中却那么清醒，清醒得让人不寒而栗。

萧红与三郎经过几天几夜的长途跋涉终于到了美丽的海滨城市——青岛。在大连开往青岛的船上，两人遭遇了日本人的严格搜查。他们忧心紧张，一夜未曾合眼，直到看见了沿着海岸线缓缓走来的舒群夫妇，他们悬着的心终于可以落地。

接近傍晚的时候，夕阳的余晖洒落在海边的石头上。一层一层的海浪拂过来，岸边的萧红险些被海风吹倒。她爬上了山边的长亭，听着三郎与舒群夫妇谈天，不知为何自己的心主动地与他们隔离起来，也与周围的空气隔离起来，眼前的一切又有了些许生活的失真感。心中不知被何种东西占据，忘了离开哈尔滨的理由，又忘了是怎样辗转来到青岛，她抬起头再用力吸了一口天边

的空气，甚至想把云吸进心里。这天是端午节，是萧红二十三周岁的生日。短短的二十三载，却发生了旁人终生无法发生的事情，海浪拍着长亭下的石墩，仿佛也同时拍打着她的衣角，二十几年过去了，命运从来没有给过她选择的机会。

无法选择生在怎样的家庭，无法选择谁是自己的父亲，甚至眼前的爱人也可能不是她内心的第一选择。数次站在命运的十字路口，生活中处处是被动，但唯有写作这件事对萧红而言是主动的，这一次终于不是被动，从前到现在，从来不是被动。

观象一路 1 号中的二层楼的一层，是萧红与三郎的第二个小家，新婚不久的舒群夫妇就住在他们的隔壁，他们成了邻居。随后，三郎做起熟悉的本职工作，在《青岛晨报》担任副刊编辑，而抱有小恙的萧红暂时留在家中休养。

青岛因特殊的地理位置在战乱频发的时期略显宁静，萧红漂泊不定的心可以微微靠岸了，四个人常常利用外出散心的时间来排解战时的紧张与压抑。青岛的中山公园、水族馆、汇泉海水浴场等地，都留下了萧红的身影。作为三郎的妻子，少妇萧红不知什么时候学会了下厨，她常与舒群的妻子倪菁华一起做晚餐，俄罗斯风味的“苏波”汤与北方特色美食葱油饼是萧红最拿手的。

二十岁以前的萧红最渴望的梦想是安安稳稳地上学，获取更多的知识；但二十岁以后，她唯一的梦想便是在安稳的环境下安静地写作，而此时的青岛生活恰恰给了她文学创作的最佳条件。

她在郁郁寡欢的世界里沉沦，但时刻未忘在残忍的封建礼教压迫下反抗。她深受大大小小的疾病折磨，心境孤苦无依，却仍然要用笔直击罪恶与黑暗，萧红竟比战士还勇敢。要用一滴水去颠覆惊涛骇浪，她敢去想同时也着手去做。

她要写一个乡村的生死轮回，写一片坟场累累堆积的白骨，在一个很小且不引人注目的场地，到处是血肉模糊，到处是恶心肮脏，暗黑的灵魂和故步自封的思想阻止天地间万物的生长。

萧红同样把目光投向她熟悉的家乡，《麦场》（后改名《生死场》）的故事发生在哈尔滨郊区深处的一个小乡村，描述了村里的农民在贫困交加与侵略者铁蹄下痛苦挣扎的故事。宁静祥和的乡村景色与残忍丑恶的人性形成了讽刺的对比，乡村生活的画面没有一丝轻松诙谐，有的只是各种形式的死亡。难产、瘟疫、自杀、饥饿、戕害……在这个小乡村里按部就班地进行着。

记得月英是打渔村里最俊俏的姑娘，是这里很多年轻小伙子的梦中情人，后来与同村的成业结成了夫妻，便开始履行作为女人的“义务”。而女人所谓的天然义务也就是不断地为男人家延续香火，这就是女人作为女人最有意义的生命价值。可是怀着孕的月英因为成业的冲动贪欢造成了女儿金枝的早产，胎里不足的小金枝没过多久就夭折了。失去生育能力的最俊俏的姑娘月英突发疾病导致了下半身完全瘫痪，终日躺在土炕上度日。成业终于忍受不了这个活死人，就把月英丢在了外面的牲口棚里，直到月英下半身生蛆，眼珠发绿而死，成业也没有再看她一眼。

妇女全部的人生价值，就是无意识的自我牺牲和终生奉献，她们不断地进行着义务劳动。男人和女人都认为生育不是生命的延续，也不是鬼门关的考验，它就是一种天然的义务。生育这种事情根本不需要探讨权利的实现与选择，若是女人履行了她的“义务”，那便是完成任务；若是女人不履行她的“义务”，那便是废物，便是十恶不赦，便是处心积虑。周围的人会把所有不堪的词语用到这些女人的身上去，并且还不足以泄愤，他们还要用终生鄙夷的目光和来来往往的唾弃羞辱这些女人，直到把她们逼到无路可走。

由于在身体结构、生理特性上的差异，男性很多方面优于女性，这无可置疑，但是在能力方面却未必如此。很多女性放弃自己的理想和事业回归到家庭，并非是她施展能力的空间仅限于家庭，而是出于为家人付出更多的考虑，是一种无奈的选择。女人走入婚姻，尤其是成为母亲之后，她们会在无意识中将自己的位置排在伴侣和下一代的后面。在茶米油盐的不断反复中，更多人会形成一种“女人只适合待在厨房”的可怕观念，而男人也同样会理直气壮地把这个观念当作理所应当。你折断了她的翅膀，却责怪她不会飞翔。对于女性来说，成为备受尊重的家庭主妇和只能成为家庭主妇这是两种相差万里的观念。

在打渔村里，惨死的不仅仅是当年众多男青年争抢的月英，月英只是萧红脑海中的一种代表，一个意象。这个大麦场旁边生活的人们只怕是永远体验不到什么是灵魂，他们每天争抢的粮食、牲口和野草才可以唤醒他们的呼吸，只有看见这些东西，他们才觉得自己还是活着的。

生、老、病、死，在这里不断循环着，本来可以“安宁祥和”地循环，但是“日本鬼子”的恶劣行径终于把村民们逼醒了。是可忍孰不可忍，无论如何都无法再忍，不堪受辱的个别村民开始了反抗，就连把羊视作生命的二里半也投入了抗日的阵营。

保守麻木的可怜人自我觉醒实在难于登天，他们在民族危亡之际被动觉醒也算是小说结尾处绝望悲观中的点点乐观。萧红无疑是一位成功的“自产型”作家，她十分擅长利用亲身回忆加以放大渲染，从而在漫不经心的描述中迸发出生命的力量。她写农民世世代代的生老病死，女人们的怀孕生产，然后一群不知所措的人们看着另一群半死不活的人们慢慢地死亡，写这种无知的“观望”世代相传。

特殊时期需要有人勇敢地发声怒吼，特殊时期让很多文学作品带有“特殊的色彩”。当时很多人把《生死场》看作是一部鼓舞群众奋起抗日的宣言书，是广大青年作家们时局觉醒的一个代表，这对满目疮痍、硝烟四起的中华大地有着醍醐灌顶的强力作用。萧红的这部作品更像是一盆清冷结冰的水，瞬间泼洒在茫然不知所措也不明方向的青年男女身上。青年男女们的激情被顷刻间点燃，雄心斗志化作反抗的刀枪棍棒，让很多人勇敢地踏上了抗日的征程。

那么这部讲述哈尔滨郊区一个不知名的打渔村里农民们的故

事是否是萧红精心打造的宣言书呢？目前看来并不是。当然，我们不能否定这部作品对鼓舞抗日的作用，但从萧红本身出发，无论是从她的性格特点还是创作风格上，萧红创作的第一意识依然是对人性觉醒的挖掘和对生命的渴望，她的作品面对的是人类的愚昧麻木。

《生死场》与《呼兰河传》一样，没有一个具体的主要人物。若是一定要找到一个主要人物的话，那么《生死场》的主角是打渔村，而《呼兰河传》的主角就是呼兰河畔的小镇了。

当然，无论这是一部“时局觉醒的宣言书”，还是一部“麻木人性的觉醒录”，《生死场》的的确确是成功了，这部完成于美丽的海滨城市——青岛的作品无疑是萧红四部长篇小说的代表作品，也是现当代文学史上的一部杰作。

《生死场》完稿之后，三郎的《八月的乡村》也已完成。他们在青岛完成了各自作家生涯的代表杰作，不得不说青岛算是二人的创作福地，也是萧红漂泊不定的一生中仅有的几个月的安稳时光。萧红变得很少笑，即使偶尔笑一下也是出于礼貌的微笑，她颠沛流离的心和支离破碎的身体承载不了终日的欢声笑语。

在《生死场》创作过程中，萧红的苦难依然在进行。由于产后虚弱所引发的各类疾病，后又患上反复发作的胃肠疾病也不断地折磨她。但她哪里顾及得到这些病痛，操持完家务过后便把精力全部投入写作，往往是几个时辰头也不抬，从中午写到深夜，在抬头低头之间才发现原来月亮都已经挂在天上了。

创作激情过后，萧红与三郎陷入了迷茫。和从前创作的时候一样，文字是写在纸面上了，如何把它发表出去让更多的人看到呢？毕竟只有读者阅读后的文本才算得上是真正的作品。二人的名气仅仅留在了东北地区而已，而在南方的城市里，他们依然是无名小卒。

柳暗花明又一村，在与朋友闲谈中，三郎无意听到了鲁迅先生曾经现身上海“内山书店”的事情，他脑海中冒出了一个大胆的想法，甚至一向勇武的自己也不敢相信，他居然要给上海的鲁迅先生写信。

写信这种想法是否显得太天真，远在上海且素昧平生的鲁迅先生能接到他们的信吗？若是接到信件，先生会回复吗？这些谜团几秒之间在萧红与三郎的心中不断涌现。

二十三周岁的萧红已经受过太多苦，呕心沥血写出的《生死场》真的可以得到鲁迅先生的赏识，掀起波浪吗？她不知已经多少次站在人生的十字路口了，这一次依然有选择命运的无力感。她望着海继续发呆，身后袭来阵阵海风，本是舒适的海风，为何打在自己身上竟是这般冰冷透骨。

三、上海——重逢青春的容颜

这封承载两人全部文学希望的信件，由青岛广西路新 4 号的荒岛书店寄往上海内山书店。也就是在这封信里，“萧军”的名字得以正式启用，带着一种尚武情结。从军的强烈愿望一直在三郎的血液里流淌，他从未忘记过他是“军人”的事实，也许只有军人的身份才与他脱缰野马的性格特点那么相称。至于这个“萧”字其实与该字的本意没有任何关系，三郎从不擅长悲春伤秋，也不是感时花溅泪的文艺小青年，所以这个字在他这里不是衰败稀疏的荒草，而是《打渔杀家》中的角色萧恩。写信的时候，张乃莹依然是悄吟。

两人望着泛起碧波的水面，心想这封信的归属会不会是这无边无际的大海？萧军暗想这次写信的行为真是自己一时间昏了头的举动，可是为了作品的未来也不得不走到这一步。书本里、报纸上的文坛巨匠鲁迅，究竟是怎样的人？他真的会注意到两个毫无名气的文坛新人吗？若是收到信之后，鲁迅先生会不会取笑他们的天真烂漫呢？活到近而立之年的萧军，也许是生平第一次地考虑了这么多的“如果”。

要知道上帝不会轻易赐予一个人非凡的天资，而那些被众人簇拥且称赞不已的人也都不是毫无理由就得到了别人的盛赞。当鲁迅收到萧军寄给他的信的时候，又惊又喜，惊叹的是萧军这个年轻人的勇气和胆识，喜悦的是鲁迅仿佛看到了在文学创作路上也曾跌跌撞撞的自己，看到了未来文学青年的希望。这封信的出现让鲁迅无比欣慰，鲁迅一直对中国的青年抱有极大的希望，他知道自己已经年老，而且身体又被疾病困扰，他希望无论是在文坛上还是在其他领域，青年人应成为未来中国强有力的拯救者，成为他们这一代人的精神传递者，而萧军和悄吟让他看到了这希望。

萧军的文字看起来朝气蓬勃，信的来意也简洁明了。鲁迅与信中描述的两位文坛新人从未谋面，但信中文字里一派朝气、洋洋洒洒，让他喜悦得如沐春风。记住这个时间，1934 年 10 月 9 日，就是这一天，这封信躲过炮火和战乱的侵袭来到鲁迅先生的写字案台上。因为这一天，萧红真正的作家生涯也即将拉开序幕。

接到信的鲁迅先生即刻回了信，这让本来不抱很大希望的两人兴奋不已。他们接到信后热泪盈眶，几乎是不能掩盖住脸上的狂喜。萧红泪中带笑，一路小跑到家中。两个年轻人迫不及待地拆开信件，他们一遍遍地读着、背着，信的内容二人甚至可以倒背如流。信中，鲁迅先生语气温和，与文坛新人的对话毫无距离感，并表示他愿意欣赏一下他们的作品。

这算是对二人文学作品的初步认可。萧红的心，从没有跳得这样快，脉搏震动得似乎血管即将爆碎，这是灵魂的觉醒，是她生命的律动啊！那一刻的激动和狂喜，是爱情永远无法给予的。萧红的心里更清楚了自己人生价值的定位，她注定是个与文字相伴终生的女人。家庭可以没有任何温暖，爱人可以不告而别，但文字，将会是陪伴她终生的东西，并且对她不离不弃。

萧红很快把《生死场》的全部手稿整理成册，并带上她和萧军一同出版的《跋涉》，放进了寄给鲁迅先生的第二封信里。两人还破天荒地新潮了一次，把一张合影一起放进了信封。这是鲁迅先生首次看见两位文坛新人的容貌，合影中的萧军身穿俄罗斯风情的白色衬衫，表情微微带笑，而萧红则是以青涩的女学生装扮坐在萧军的左边，两人依偎着对着镜头微笑。

正当他们沉浸在欣喜中的时候，一个坏消息传来，他们的好友舒群夫妇及其亲人在中秋节这天被捕入狱。消息如晴天霹雳，萧红再次感受到了世事无常。萧军任副刊主编的《青岛晨报》也出了状况，孙乐文约萧军在栈桥见面，给了他四十元，叫他和萧红赶快离开青岛。在这种危急的情况之下，萧红和萧军决定前往上海。

上海这座城市对二萧而言，是一个完全陌生的地方。辗转几个日夜，来到上海的第一天，他们身心俱疲。两人像是逃荒的难民一样在陌生的街道上走着。已经是 11 月份了，天气转凉，萧红不仅胃病没有丝毫好转，而且又患上了咳嗽病。繁华的魔都夜里霓虹闪烁，汽笛声尖锐刺耳，歌舞厅里不时传来热闹的音乐声，这些与两个饥肠辘辘又破衣加身的年轻人形成了凄凉又讽刺的对比。

但他们不曾感到自卑压抑，因为这与之前的流浪经历都不一样。上海，有鲁迅先生在等他们。虽然此前，二人不断地给先生寄信时表达了想与先生见面的意思，先生都以理由婉拒，但是先生的回信速度还是很快，这至少说明先生并不排斥他们。

萧军开始着手修改《八月的乡村》。天气更冷了，冷得他不想把手从衣服里伸出来，脾气暴躁的他又开始烦躁起来。他对自己的文字越发没有信心，事情越想越糟。已近深夜，微弱的灯光下，萧军突然急躁起来，点上手里的烟，狠狠地吸了几口，然后用力地将稿件摔在地上。他快步走到窗前，望着离自己越来越远的月亮。

“或许我不适合写作，不如把它烧了吧，烧了干净！”

“三郎，你知道的，我们的文字需要一个归属，要给自己一个尊重，你累了，我来抄写吧。”

简陋的小旅馆里没有取暖的炉火，萧红的衣服也很单薄，她披着大衣，冻得直流清鼻涕。她不时搓一搓已经冻僵的手指，就这样数夜不停地重复，终于把《八月的乡村》抄写完毕。

时间到了11月的末尾，二萧终于盼到了鲁迅先生的邀请。先生约他们在内山书店见面，两人看到信后惊喜振奋，心想就算是一切都毫无结果，至少上海之行见到了鲁迅先生，此生也是值得一游了。

11月30日，是一个星期五。下午两点，二萧与鲁迅先生一家三口正式会面。先生的容貌没有萧红之前所想象得那么容光焕发，步履也没有她想象得气势如虹，先生跟自己一样，是个时刻被疾病折磨的人。他们都是身体孱弱的人。

涸辙活命一滴水，胜似西江波！先生走之前在桌子上留下了一封信，这是之前萧军向先生借的二十元钱，而令二萧难堪的是就连回家坐车的零钱他们也没有了。先生又从口袋里掏出了些铜板，并在之后的回信里劝说他们不要因为借钱而生苦恼，因为这些无关紧要的事情去苦恼是不值得的事情，若是心情着实压抑，大可到外面走走，散散心。

萧红不符合年龄的老成与灵魂依旧是少女的青涩纯真融合在了一起，这是一张有故事的面容，也是两个有故事的灵魂。他们相谈甚欢，从哈尔滨聊到了青岛的一路漂泊逃亡，聊到了各自的文艺主张，聊到了或多或少的人生经历。两位意志坚定且对文学梦想坚持到底的新人给大病初愈的鲁迅留下了深刻的印象，尤其是悄吟，只有二十三岁的女孩子，柔弱的身体，心如玄铁的不甘，让许广平也感到疼惜。

且不论萧红的作品是如何打动鲁迅的，她的文字并不是那么超凡脱俗又无懈可击，在没有深入探讨作品之前，鲁迅赞赏的是萧红无所畏惧的自由精神。她的形象和认知，是鲁迅所期望的文学青年的完美形象。若是完全抛开有关文学作品的一切，单单从人性本能来看，这种缘分的开始，也在情理之中。一位文坛的前辈面对着一位在苦难里挣扎、流落异乡的病弱女子，无论她的作品有没有发掘的价值，出于人道主义关怀，鲁迅向萧红伸出援助之手也完全是无可厚非的。

能沉醉在文学里的男人，在尖酸刻薄这方面，比起女人来他们也许可以是有过之而无不及的。在体力武力面前，他们不愿意输给女人，而在文学面前他们便更不情愿输给女人，因为这代表着社会话语权的悄悄转移。有一段时间，写作曾是男性的专属，而有些女性作家被评价文风可见男人的风骨，这其实是对女人莫大的不公和讽刺。

当然若是没有鲁迅、胡风等人的大力推荐，萧红也许不会在短时间内冲决而起，但是以萧红个人的天资与坚持，即使没有鲁迅先生的出现，只要上帝不那么吝啬，再多给她一些时间，她也会走上作家的道路，只是晚一些年罢了。

当遍体鳞伤的萧红遇上千疮百孔的张爱玲，相差近十岁的两人一北一南，我们会不得不注意到地域文化的差异。张爱玲虽同样是身心俱疲，但就出生地而言，也要比萧红幸运些。张爱玲身处当时的经济文化中心城市——上海，上海不仅文人如林，更重要的是因为上海这座城市具有适合女性作家成长的地域特色。上海是女性独立意识最强的城市，也是男女平等与妇女解放思想率先“试验”的城市。上海交通极为发达，各类信息的流通也更为方便，所以在上海声名鹊起，也就意味着扬名全国，扬名全国以后，女作家的经济独立也就可以很快实现。而萧红的出生地——东三省地区原是一个移民为主的区域，人口相对稀少、缺少重视教育的历史传统、文化程度整体偏低，导致了男权思想的根深蒂固，再加上日本等侵略者觊觎东北资源由来已久，这里更加动荡，战乱频发，人心惶惶。在这种情况下，男性作家实现经济独立都十分困难，更不要说身为女性的萧红。

内山书店匆匆一见后，鲁迅对两位新人的感情又发生了微妙的变化，二萧成了先生的意象，成了先生对广大青年无限期望的扩大演绎。鲁迅只有一个想法：支持。

于是鲁迅在 12 月 18 日这天给二萧寄了一封邀请函，邀请二人前去梁园豫菜馆赴宴。二萧面对先生的主动邀请，更是在心里与先生一家拉近了距离。他们明白，这是一次郑重其事的赴宴，不可马虎，更不可随随便便。萧红预想到她文学创作的春天可能要来临了，她感觉自己像是回到了后花园那段手握红山茶的时光，鲁迅先生的音容笑貌、言谈举止都让她在心里一遍遍回忆着祖父。

曾经被动长大了许多岁，如今她做回二十三岁的自己，那个只有在鲁迅先生面前天真无畏的懵懂少女。

四、周宅——萧萧无语，凄苦落红

鲁迅先生的邀请函让萧红感到前所未有的被重视，而她也足够重视这次家庭般的聚会。待一阵欣喜过后，萧红立刻冷静下来思考，这次聚会一定都是鲁迅先生的亲人朋友，虽然自己和萧军做不到盛装出席，但也不能失了体面，否则会令先生尴尬难堪。自开始流浪以来，二萧很久没有注意到他们各自的衣着服饰了，两个人的年龄累加起来也不会到半百，但是镜子里的两人却已略显沧桑。多年的流离失所和风餐露宿，把二人折磨得死去活来，他们又哪里会注意到各自不符合真实年龄的容颜呢。萧红和萧军尴尬地看了对方一眼，然后就开始为这次聚会做准备。

萧红敏感又细腻，她马上考虑到萧军的衣着不适合出席这次宴会，可是时间只剩下了几个时辰，上海街道她又根本不熟悉，马上去买怕也来不及了，如今看来只好自己亲自动手赶制服装了。萧红从行李箱中拿出了“珍藏”已久的俄罗斯风情花衬衫，配上手头现有的布料，萧红用她略显笨拙的针线技术开始缝制新衣服。这个时候正是天寒地冻的时节，他们住的旅馆没有任何取暖设备。为了能让萧军不失体面地赴宴，萧红顾不上吃饭，顾不上外面是白天还是夜晚，她缝衣服的状态就跟拼命写作时如出一辙。一旁观望的萧军，在心里不停感念眼前这个贤惠美丽的才女作家是自己的伴侣。

果然，二萧以体面干净的“晚礼服”出现在了大家的面前。宴会以庆贺胡风长子满月为名，胡风一家因信件未达的原因遗憾缺席了本次宴会。但当晚的宴会上，萧红与萧军还是有幸结识了茅盾、叶紫、诗人聂绀弩夫妇，大家推杯换盏，其乐融融。

几乎所有人都看得出来鲁迅先生对这两位文坛新人的态度，尤其是对萧红，平日里很少表达自己个人喜好的先生对于萧红的赞赏之意没有丝毫的掩饰。而萧红在宴会上的表现也没有让自己的“老师”失望。她谈吐不凡，有一种初生牛犊不怕虎的感觉，同时又带有女性独有的观察视角，她对于当今社会形势和文学思想方面的观点细细道来，让在场所有人都感到耳目一新。更让在场的女性赞叹的是，作为女作家的萧红身上竟然有贤妻良母的光辉，她对伴侣萧军也足够尊重，萧红身上的“融合气质”已经将她们深深吸引。

在大家相互交流思想的时候，叶紫便注意到了萧红。宴会结束后，他面带微笑地主动走到了二萧身边，三个人很快熟悉起来，并留下了各自的联系方式，这便是后来“奴隶丛书”的缘起。

此后的一段时间内，鲁迅先生极力向上海各大报刊推荐二萧的作品，同时还不忘尽可能多地让两位新人接触到活跃于上海文坛的其他作家。在三个人的共同努力下，1935 年，萧红的《小六》终于在《太白》杂志上顺利发表。这是她进入上海文坛后第一次向社会公开发表作品，欣喜之情溢于言表。同年《小六》收入生活书店出版的《三种船》一书。

萧红终其一生都在寻找自己存在的真正意义。她不断发掘属于她的天赋，不断去印证她真实存在的证据。她是一个文字的虔诚信仰者，没有什么比文字得到广泛认可更能让她振奋的了。所以在上海的日子，在与鲁迅先生一家相处的日子，她不是以一个成熟的女作家去感受生活的，而是以一个不谙世事的小女孩去享受自由空气的。

萧红清楚实现自我价值的重要性，无论是扬名文坛还是解决生活经济的问题都是十分必要的，另外她现在又多了一份沉甸甸的压力，也可以说是动力，那便是对鲁迅先生恩情的“回应”。无论先生是否真的把她作为学生，但此时萧红已经认定了鲁迅这个“老师”，甚至在某一刻把鲁迅当作了祖父。她不想让鲁迅先生感到失望，所以她开始焦躁，因为送审的书稿《生死场》迟迟没有回信，这个自己昼夜不歇并抱有极大希望的作品会不会就此石沉大海呢?

好友叶紫等人把自费出版作品的想法告诉了萧红，因为和萧军的作品都是前途未卜，所以萧红认同了这个主张。经过各种机缘巧合的叠加，于是有了同鲁迅先生的第二次聚会。聚会上，几人向鲁迅先生表达了“自费”印刷作品的主张，先生也表示认可。

1935 年 6 月，萧红与萧军搬家至淡水路 190 号，在这里居住的日子，二萧有幸结识了作家胡风夫妇，而胡风与萧红的《生死场》还有着神奇的缘分。《生死场》原名《麦场》，后由胡风建议，萧红把名字改成了《生死场》，还得到了鲁迅的赞赏。

但《生死场》的命运还是与萧红的经历一样地跌宕起伏，遭到了多家出版社的退稿。眼看希望越发渺茫，萧红不得不寄希望于“自费”印刷，鲁迅先生在此期间为萧红的书稿数次奔波。在等待书稿消息的时间里，萧红与鲁迅先生一家的友谊不断升温，可以看出来，鲁迅先生已经在心里将萧红当成了自己的学生，这也算是给了萧红一种莫大的安慰。

也许一切都是最好的安排，那些不该失去的，终究会以另外一种形式归来。萧红受了太多的苦难，这一路走来，她放弃了太多的东西，唯独对创作从未间断。1935 年 12 月，《生死场》终于以“容光书局”之名印刷出版。不满二十四周岁的女作家在上海横空出世，书里文坛巨匠鲁迅先生的序言更是将这本书推向了舆论的高潮。此后的几个月，《生死场》的名声开始不胫而走，并迅速流传于上海各地，大有扬名全国的气势，而首次使用的笔名

"萧红"也随着书的传播而渐渐影响深远。

和之后张爱玲首次出版书籍一样，萧红在新书封面展示了自己高超的绘画设计能力，《生死场》的封面是由萧红本人亲自设计。无法断定使用"萧红"这个笔名是不是受到"萧军"的影响，但后人作为局外人倒是可以分析一下这个笔名对于萧红的意义。

首先，"萧"字在现代汉语中的释义多数是寂寥、孤冷、衰败，以及毫无生气的状态，而在普遍意识中，"萧"字往往带给人一种秋天里落叶遍地的惨淡氛围。"萧"的本义是一种草，草是生长在自然环境中的植物，这个字无论是从本义还是附加意义，都与萧红的命运具有某种契合点。

暂且不论"红"字本身的意义，单从人的主观感受来看，"红"是形容颜色的字，是喜庆的象征，是最具有旺盛生命力的颜色代表。红色代表炙热，代表活力与张扬，甚至还象征着成功、受人重视，代表思想的先进。它本义也有"荭草"的意义，又可指代美人，是血的婉约说法。两个字的本义都有自然植物的含义，更加体现了萧红血液里"大地之母"的悲悯情怀。

"萧"与"红"的结合，正印证了萧红生命中的"矛盾情结"：禁锢与自由的对抗、衰败与张扬的对立、梦想的美丽与现实的残忍等。正是这些看似永远不可调和的矛盾对立，因为有了萧红的存在，而能够完美融合。这种融合本身就代表了一种奇迹，萧红也是文坛的奇迹，她的人生经历也同样是命运的奇迹。

对这种苦难里浸泡出来的命运奇迹，鲁迅先生书写了他的感动，文坛好友表达了他们的赞叹，读者们抒发了望尘莫及的敬佩。细腻敏感如萧红，这种喜悦的背后似乎引发着一些始料未及的弦外之音，有口无心也好，真诚赞美也罢，萧红微微注意到了此时略显落寞的萧军。

在萧红《生死场》的喜讯一波接一波到来的时候，在萧红的名气日渐高涨的时候，萧军的《八月的乡村》似乎坐了"冷板凳"。其实萧红已经注意到了这些，新书问世的这段时间，二萧的交际应酬多了起来，友人话语间都是对《生死场》的赞赏及对萧红个人天赋的褒奖，而自己的伴侣萧军倒是“低调”起来，甚至一言不发。回到家中，二萧的交流似乎也在悄悄减少。萧红私以为是因为新书的问世而忙碌起来，当热潮冷下来，两人还是可以恢复到之前的状态，甚至萧红对此有了些许愧疚之感，觉得是自己因为忙碌而冷落了萧军的缘故。但是对于男人、对于感情，萧红的预测能力永远不会及格，当《生死场》的热浪渐渐退却之后，两个人的关系再没有恢复到之前的状态，甚至还发生了微妙的变化。

二萧彼此都感觉到了对方的变化，也都试图去改善，但这种“刻意的改善”表现得越明显，两人的交流就越尴尬。他们的感情交流多次突然间安静，这让萧军更加难堪，也让萧红更加愧疚。对于萧红而言，此时的女人与女作家之间的矛盾又突显出来，《生死场》取得巨大成就之后的自豪感没有在她身上停留太久，因为她太在乎萧军的感受了，一度不惜用贬低自己来满足萧军的自尊，她甚至还想到了“取悦”，但她太高估自己的感染能力，其实当萧红打算去取悦对方的时候，她就已经输了。

爱情只是男性必不可少的生活调味品，那是他们生活的一种消遣，稀释痛苦的方式，但在萧红的眼中，爱情是一种拯救，是她的唯一，是她苦难生命里的全部。她想过要减弱自己女作家的气场，减少才女的光环，但是这哪里是自己可以掌控的。

在苦难里，命运没有给她选择的机会，而在才华面前，命运也同样不会给她任何选择，她将被她的才华推着不断向前走。在普通女人的认知里，爱情是她最虔诚的信仰，但在萧红这里，文字和爱情不分伯仲。

为什么命运不多给我一个“唯一”呢。

五、日本——爱情只是昨夜的明灯

他们已经很久没有“孤灯夜话”了，现在两人各自有一张属于自己的写字台，距离不远不近。萧红抬头望向伏案写作的萧军，此时的灯光比任何时候都要明亮，但是心中却没有从前那般明亮，取而代之的是从前两人寒夜里笔耕不辍时那暗淡的灯光。

她有了把头靠在他肩上的冲动，萧红把双手搭在萧军的毛衣上，衣服上耸立起来的毛刺扎到了她的手，而专注写作的萧军也吓了一跳，表现出惊慌失措的不自然的样子。萧红起身向自己的写字台走去，她双脚无力，就像自己生产完的那晚一样虚弱无力，怎么对萧军竟然有了莫名其妙的陌生感呢？这种生活的陌生感她从前出现过，但她不能想象这种陌生感有一天会出现在萧军的身上。而萧军也变得更加不自然并陷入了沉思，两人之间有了距离感似乎已经是既定的事实。他眉头紧锁起来，不想思考太多，把笔抓得更用力了。

房间里只剩下钟表的声音，这种不自然的陌生感让两个人都感到震惊。若萧红将她和萧军的这段情缘界定为真正的爱情的话，相信她是有所察觉一些难以名状的情感的。爱情具有排他性，爱情的世界里必须只有两个人。其实她已经知道了另一个女人的存在，只是她不愿意戳破，她在给萧军一个机会，也是给自己一个回旋的余地。

《生死场》问世之后，萧红迎来了她写作的黄金时期，自1935年年底至1936年的一整年内，她大大小小的作品刊登在全国各地的报纸杂志上。上海地区的一些出版社开始主动向她约稿，而她以往因为各种原因搁浅的旧作也被重新发掘出来发表于各处。她成为鲁迅先生口中最有前途的女作家，成为让先生感到无比骄傲的得意门生，她终于可以放下心中的沉重包袱，给恩师一个满意的回应。

胡风在酒席上直接对萧军表达了他对萧红的赞赏。胡风称萧红的才华在萧军之上，萧军的成就是依靠自身的刻苦努力，而萧红的成就更多的是因为她的文学天资，他更是预测了两人未来的创作道路，认为萧红要在作家的路上走得更远。

萧军当然知道萧红的创作天赋，他应和着胡风的观点，但心里有了淡淡的失落感和一种被众人忽视的挫败感，这让他很受打击。

在萧军的心中，妻子让他感到压迫感，全身散发着光芒的萧红让他觉得无所适从。萧军需要一种感情的安稳，但以他流浪者的自由天性，他又无法接受被困在这种安稳里，风生水起的萧红则意味着这种生活的安稳。萧军骨子里，一直是一个游侠，甚至可能是一个流浪汉，他喜欢四处游荡，各地漂泊，他需要萧红，正如萧红也离不开他，但是他又不愿意被这一个女人牵绊一生，尤其这个女人社会地位已超过了自己。

每天“安定”的生活就像白开水一样淡而无味，这样的安稳让萧军感到厌倦。他试图寻找新的感官刺激，他要拯救，发现更多的在苦难里挣扎的弱女子，像拯救萧红一样地去拯救她们，这才可以体现他的英雄气概。在萧红这里，萧军已经找不到作为侠士的自豪感了。

萧红以为她是最爱萧军的人，她依赖他，也崇拜他，甚至感激他。她愿意为这个男人奉献自己的一切，但她除了这些，并不想去承担其他义务，尤其是那些压迫女性的不公平的义务——这其中包括放弃创作。

萧红是一个极度感性的女人，她虽然不会轻易袒露自己的心声，但这种感情的困境让她欲哭无泪，再加上无人倾诉，她只能去鲁迅先生的书房，有时候一待就是一整天。任谁也不曾想到，此时风光无限的才女作家正在忍受“第三者”闯入爱情生活的痛苦。当然，萧红在面对这些事实的时候是永远不会去大哭大闹的，她不可能为了唤回萧军的爱意，去伤害那个“第三者”。

这就是萧红，一个善良到没有锋芒的女人。萧红驾驭感情的能力，跟驾驭文字的能力比起来，根本不值一提，在“抢夺”萧军的时候，必然是一败涂地。萧军越来越冥顽不化，萧红多次想与他深谈，他都表现出一种“我就是这种人，而且并不想去改变”的样子，这让萧红陷入深深的无奈，原来爱情的无力感比饥饿和苦难更让人难以表达。

事业的顺风顺水都不能让萧红感到多么开心，因为她最需要的是知心爱人的由衷赞叹，那种赞叹才会真的让她发自内心的狂喜。她这种整日浑浑噩噩的状态，早就被鲁迅先生看在眼里，怎奈自己那越发衰弱的身体状况已让他自顾不暇，许广平也感觉到了萧红的困苦，她经常偷偷地观察在自家书房里终日发呆的萧红，其实同为女人的她怎么会不知道萧军的所作所为给萧红造成的伤害呢。

梦想开始断裂了，在进退两难的爱情中，萧红想到了逃避。正值此时，好友黄源向她提出了暂居日本的建议，这样不仅可以暂时中断和萧军的感情，而且东京的环境相对安静一些，这对萧红身体的恢复也有一定的好处。恩师鲁迅先生也同意萧红前往日本修养身心，况且黄源的妻子许粤华正在日本学习日文，萧红到达东京后，也有人接应。对于日本，鲁迅先生是比较熟悉的，病中的他给了萧红很多东渡之后的建议。

确定日程安排之后，鲁迅先生在家中设宴为萧红践行。他表现出对自己这个学生的担忧，因为萧红此时心情不佳，身体状况也不是很好，他担心她会不适应东京的生活。尽管自己已经十分虚弱，鲁迅还是靠在藤椅上叮嘱萧红应该注意什么、要做什么。坐在一旁的萧红双眼噙满了泪水，但她不敢任泪水放肆地流出来，她知道老师很担心她，她用力地点头致谢，把老师的话都刻在了心里。

1936年的7月15日，这是他们师徒间最后的晚宴，恐怕当晚在场的所有人都未曾料到。第二天，萧红同黄源、萧军二人一起来到照相馆留下了一张合影，也算是对萧军的告别。

7月17日，萧红踏上了异国的旅途。在即将驶出码头的轮船上，萧红望着前来送行的萧军，她哭了，多想把泪水流干然后任其汇入海水里，这样双方都保留了自尊，两人都知道这次异国之行是对彼此感情的放空。

爱情变成了昨夜的明灯，变成了昨夜的梦幻，但是不能否认的是，在离开上海的一瞬间她还是感到撕心裂肺的疼痛，她放不下萧军，并且知道即使走了还是会回来。接下来的东京之旅不知道能不能让她在感情的旋涡中尽快走出来，不妨先把期望交给时间，无论怎样，她都想要一个结果。

六、东京——爱留下的残骸，我无法释怀

东京对萧红而言，真的可以算作与世隔绝的“真空”世界。只身一人来到完全陌生的国度，加之路途的奔波，萧红本就羸弱的身体更加虚弱。胃病反复发作，东京的饮食习惯她并不是很适应，每天学习工作之后她的一日三餐均以面包和火腿为主，虽说许粤华就住在距离她不远的地方，但因为萧红本人性格极度内向，两人的来往也仅限于普通朋友之间的日常沟通，可以说萧红在东京的生活比在上海更加地孤独寂寞。

她开始失眠，神经衰弱导致的头疼折磨着她。另外，东京随处可以听见的木屐声，在她听来无比刺耳，就连她在发呆冥想的时候，这些接连不断的木屐声都来干扰她，她变得更加烦躁，只能通过写作来排解忧愁。其实，在恶劣的环境下，写作也是一种奢侈的东西，因为她左翼作家的特殊身份，日本当地的警察也经常跟踪她，观察她的行踪，她的生活难以宁静。

她更担心的，还是萧军和鲁迅先生的健康状况。她到达东京后，萧军前往青岛。鲁迅先生身体虚弱，故而在离开上海之前她与萧军商定在一年之内谁也不给先生寄信，这样可以减少先生回信的劳顿。

萧军对自己的出轨行为并不感到汗颜，也没想过要给萧红什

么交代。萧红是一个有强烈依赖感的女人，身体还生着病，寂寞就成了她的天敌。在这种情况下，萧红频繁地给萧军写信，她不断地写信给萧军诉说心中的苦闷和她在东京的日常生活，萧红在写信的过程中其实已经原谅了萧军背叛感情的行为，虽然她什么都没有说，但二人已经心照不宣了。

萧军依然不想让步，他并不觉得自己做错了，甚至还写信直接说过此事。信中的大概意思是说，他虽然爱上了另外一个女人，但不代表他就会抛弃萧红。 换一种角度来看，他认为萧红可以对这种感情的突发事件做一些分析解说，来探究一下为什么会发生这样的情况，这样还可以激发萧红写作的灵感，他的越轨行为也不见得全是不好的。

他以至高无上的家长气势对着妻子下达命令。萧红不仅厌倦而且感到恐惧，眼前的丈夫变成了儿时虐打自己的父亲，萧军竟成了张廷举的“附身”。到底什么才是婚姻，也许婚姻就是一些男人强制将女人分配给另一些男人，不需要知道女人的意愿，只需要一个仪式，并且选择嫁人是这个女人想要获得社会认可的唯一方式，对丈夫要绝对地服从。女人仅仅是从父亲手中的等价交换物变成了丈夫手中的泄愤工具。

这样的萧军与汪恩甲不存在什么本质的差别。在萧军这里，萧红还是要服从。萧军蛮横而又专制，这段感情里不存在一个词语叫作平等，只有受难者与拯救者。婚姻对萧军来说只是一个生存方式，但是到了萧红这里，婚姻和爱情就成了她的命运。萧红试图融合进萧军的生活，进入他的交际圈，遗憾的是萧红清楚她没有成为萧军的另一半，仅仅变成了他的附属品。

她写信居多，萧军回信则相对较少，每每收到一封回信，萧红的精神都会稍微振奋一下，仿佛抓住救命稻草一般。萧红给萧军寄信的行为让很多身边的朋友大有“哀其不幸，怒其不争”之感，但谁都没有干涉她的个人感情生活，只哀叹“子非鱼，安知鱼之乐”了。

旅居日本期间，萧红还是坚持写作并寄回国很多作品，比如

《孤独的生活》《红的果园》等散文作品，后在文集《牛车上》出现，另外就是与萧军的大量通信。在东京不到一年的时间里，萧红给萧军寄了数十封信，事无巨细地诉说着她的身体状况、心理状态和学习进度等。从这些信里也能看出她是真的放不下萧军，即使他伤害她，她也愿意用折磨自己的方式去温暖他。

她常常为了平息风波把自己扮演成一个受害者，但结果还是无休止地“虐爱”，她在来来往往的信件中消耗自己的真情，她也许可以猜到萧军到青岛后的生活是怎样的，是不是依然“死性不改”，是不是每天都有新的情诗寄给新的情人。这些乌七八糟的事情，远在东京的她看不见也不愿意看见，她唯一可以期盼的就是萧军的回信。

在东京本是想与多年未见的弟弟张秀珂见上一面，但她到的前几天，弟弟就动身回国了。身体状况永远是不争气，不明原因的咳嗽病又来了。其实萧红不喜欢雨天，尤其是连绵不断的细雨，这窗外淅淅沥沥的小雨像极了咳嗽的症状，真的是无休无止，没完没了。

8 月中下旬萧红开始发烧，一连烧了几天也不见好转，盼望萧军的回信是望眼欲穿。黄源的父亲已病入膏肓，家里也是乱作一团，这种情况下许粤华不得不改变计划提前返回国内，这让萧红更觉得自己在东京是孤身一人，无依无靠。

发烧导致了食欲严重减退，萧红几天未曾进食，什么都可以忘记，唯独写作不可以。写作是她的职责，文字是最好的镇痛剂，明知道写作也是冥思苦想、绞尽脑汁的脑力劳动，但此时也是顾不得许多。是不是萧红来到人世间的任务就是写作呢？她在忘我的创作中渐渐好转起来，烧也不知道何时悄悄就退了，稍微振作一些她又制订了下一步的写作计划。提到创作，她永远那么乐此不疲，无论正在承受多少不为人知的病痛，她不在乎。

在东京不仅仅是专心写作和调养身体，还有之前和大家计划的日语学习也不能耽误。所以九月份的时候，萧红进入了东亚学校学习日文。东亚学校的作业量很大，萧红这段时间相对减少了与萧军的通信，大概只写了几封问候鲁迅先生的信件。

这时候的萧红把感情看得和写作一样重要，以至于后来自传体作品《商市街》的出版问世也没有让她欣喜很久。学习日文也不能集中全部精力，她的日文水平并不突出。感性的弱女子太容易受到伴侣的影响，萧军在青岛也很忙碌，忙着写作，忙着交友，很自然地忽略了远在异国的萧红。

时间稍微平复了感情带来的伤痛，但这并不代表伤痛已减弱到最低。表面上看起来的风平浪静，其实是因为生活里纷杂的事情太多，这样才把那些伤痕掩盖了一部分。毫不夸张地说，萧红去东京的目的根据她后来的种种表现来看，并不是学习日文，也不是修养身心，最主要的还是疗养情伤，也就是另一种形式的逃避。

萧军可能在青岛又拯救了哪个女人也说不定，萧红还是多多少少了解自己的男人的。他喜欢苦难中的女人，就像他会爱上储物间里饥肠辘辘的自己。爱上他不是自由，是放弃自由，萧红信仰的爱情同样不是永恒的快乐，她太怕弄丢爱人了，所以她从不敢向萧军要任何承诺，萧军也没有给过。

来了走，走了又回来，她都恨不得给自己一个耳光。到底是什么给了萧军可以无底线伤害她的权利，不用思考，只知道萧军在她这里就是可以毫无底线。

一个风波没有完全平息下去，另一个浪潮又向她涌来，她的恩师鲁迅先生于 1936 年 10 月 19 日凌晨 5 点 25 分在家中与世长辞。听闻她是鲁迅先生生命将要终结的时候最牵挂的人，可是先生辞世的时候她却不在身边，此时她可能正在费力地翻阅着词典学习日文，也在一遍遍回忆松花江决堤那天急匆匆赶到东兴旅馆的三郎。

理想的白马不能骑，梦中的爱人终究是幻影，你问我什么是痛苦，不能释怀的痛苦最痛苦。

七、上海——已是生死两茫茫

恩师鲁迅先生已溘然长逝的噩耗，远在东京的萧红毫不知情。经过几个月的休养调整，萧红好不容易才稍微适应了一个人在东京的生活，她的胃病和头疼病都呈现出好转的趋势，写作方面也保持着稳定的作品发表状态。久病初愈，她此时的心情也有了好转的迹象，开始注意到居住环境，她愿意花时间按照自己的喜好来装扮房间了，也会在课余时间去商业街买衣服。

萧红三十一年的短暂一生，几乎都是被“猝不及防”这个成语连接起来的。她总是想着自己要怎么活，可那也仅仅是她想的而已。只叹她与鲁迅这位伯乐相见恨晚，遇见恩师的时候，恩师的身体状况已近夕阳，时间不会再给师徒二人相处的机会，但是时间曾在二人相互欣赏的一瞬间得到升华，鲁迅与萧红的师徒情谊让短暂的时间发挥了它的最大价值，仅仅就是那一瞬间，便是永恒。

鲁迅先生对于萧红而言，是一种亲情，是祖父爱的延续，也是友情，是相互扶持又相互欣赏的理想状态。曾经有那么一刻，恩师也是萧红幻想中完美的爱情化身，满足了萧红对于最佳伴侣的所有幻想，所有的情分都汇聚成了师生之情。鲁迅毫不掩饰对学生的赞赏，他几乎是为她做了自己可以做的所有。

鲁迅先生与世长辞的噩耗还是传到了东京，这天萧红还是按照往常一样去她经常光顾的小饭馆吃早饭，她顺便翻了一下饭桌上的报纸，虽然她很努力，但因为外文基础薄弱，所以不能完全看懂报纸。特地用黑体字标注的鲁迅先生等字样让萧红心生不祥的预感，难道是先生出了什么事吗？她坐不住了，跑到街边的报馆翻看报纸，发现很多都是刚刚看到的内容，她彻底六神无主了，于是搭车赶往朋友的家中，那也是在东京唯一熟悉的朋友。

匆忙赶到朋友家中的萧红着实把朋友惊到了。朋友的家人纷纷安慰她，平静下来之后萧红也暗示自己并不是她所担心的那样。于是又过了备受煎熬的一天，也就是在10月23日，萧红得到了鲁迅先生与世长辞的确切消息，距离先生去世已经过去了三四天。

刹那间，萧红开始分不清东西南北，她只觉得头顶的天空在不停地旋转，胸口立刻闷胀起来，不知是胃还是腹部，只觉得里面火辣辣的疼。她甚至找不到房门，意识模糊中，重重地栽在了床铺上。然后把头深深埋进了被子里，却越发呼吸困难，她奋力打开窗子，大口呼吸着外面的空气。恍惚中，好像看见了在藤椅上叮嘱自己的先生，奄奄一息的神情，却还是盼着自己的来信。

这个事实给了萧红一记重重的闷棍，恩师去世了，他永远地离开了大家，她再也听不见先生爽朗的笑声。萧红靠在了案台上，她眼泪止不住地流，觉得脸上的温度迅速升高并开始发烫，就在一瞬间，她发起烧来。多年以前，祖父去世的时候，那种撕心裂肺的疼痛再度袭来，她不敢抬头看天空，天空灰蒙蒙的，外面的雨终于停了，心里的雨却下了起来。

在受到巨大打击之后，她马上想到了要寄信给萧军，自己来不及赶回去，她要请求萧军代替自己为先生献上花圈。可是她得到确切消息的这天已经是鲁迅出殡的日子了，萧军没有收到这封信，但他没有忘了替萧红献花圈，不管爱得深浅，二萧都是爱着对方的。尤其是面对两人共同的伯乐的长逝，刚毅的萧军也陷入莫大的哀痛中久久不能回过神来。在先生出殡当天，他作为鲁迅的门生，同胡风、张天翼、聂绀弩等人一起为鲁迅扶棺。

鲁迅的去世，给了萧红巨大的精神打击。她一直视写作如生命，无论生活给了她多少打击，她都不会轻易放下手中的笔，但这一次，灵感竟几近枯竭。先生去世的阴影，笼罩了她，萧红已经有一段时间写不出长句子来了，于是她又想到了给萧军写信。其实她最想寄信的人是许广平，言谈中不免提起鲁迅先生去世的事情，但担心会引起许先生伤感，于是这种想法也就打消了。

这期间唯一能让萧红感到一丝开心的事情就是《商市街》的再版。文本因为有人阅读而成为作品，读者喜欢阅读，愿意去讨论作品中的内容，这对于作家而言是最大的精神鼓舞。

萧红在东京一个人度过了寂寞的新年之夜。在 1937 年的 1 月 13 日，她乘“秩父丸”号返回了上海，这标志着她东京之旅的结束。

回到上海的第一件事，就是要去祭拜恩师。她心中愧疚不安，未曾亲自送先生出殡，作为学生的她遗憾不已。可她又怕看到墓前的景象会让她陷入崩溃，更加引发许广平先生的心痛。

时间到了 3 月 8 日，萧红终于来到恩师的墓地。久违了，只说一声久违了，在先生墓边竖了一束小小的花草，几番驻足后，返回家中写了《拜墓诗》。她身心俱疲，一旁的萧军也是怅然若失，两人望了彼此一眼，不约而同地走向对方，久违的拥抱让二人都抽泣起来，任凭泪水浸湿了萧军的衣襟。

这是久违的拥抱，也是两个同时失去“至亲”的可怜人在抱团取暖。撕筋断骨的剧痛之后，刀划过皮肤的疼痛也就不觉得那么痛了。

回到上海后的萧红又开始忙碌起来，各大报纸杂志知道了萧红已经返回上海后开始通过各类途径向她约稿。萧红将她在东京写的诗歌《沙粒》投给了《文丛》杂志的创刊号。因为鲁迅先生的影响力，日本作家小田岳夫因为要为先生写传记而来到了上海，并约见了萧红。

忙碌的工作令萧红淡忘了她与萧军感情出现的裂痕，但这不代表裂痕会自动修复。二人心里都有了芥蒂，只等待一个迟早会来的导火索。萧军出轨，已经是朋友圈中公开的秘密。萧红知道这一切，又不得不强颜欢笑，尤其是面对黄源的时候就更加尴尬了，因为萧军竟然在许粤华回国之后与其产生了恋情，这件事也是闹得圈子里人尽皆知。

萧军何尝不知道最爱她的人依然是萧红，他和许粤华之间的事情不仅让萧红备受折磨，更是间接导致了许粤华与黄源的离婚。面对这些错综复杂的微妙关系，萧军也有愧疚之意，所以他同意了萧红向他提出的暂居北平的想法。面对一团乱麻的感情，萧红再一次选择了逃避。

萧军的任性胡为已经把她从里到外地消耗殆尽了，她此刻没有精力想解决什么，也清楚解决不了什么，能做的就只有离开。这能让彼此都冷静下来，萧红依然对萧军的回心转意抱有希望。

鲁迅先生已经不在了，萧红再一次没有了“家”。这一回，她甚至连哭的力气都没有了。她也不想在家中与萧军独处，即使萧军表达过他的愧疚，也说了些劝导之类的话语，但是唯独没有表达歉意。不能否认，他拯救过她，难道因为这些，就必须要无条件地服从与付出吗？萧红的心中有了一丝屈辱感。

心中不忘那些隐秘的执着，而她不打算埋葬。面对眼前的这个男人，她数次受到伤害，却依然不想就这样放弃，那就接着逃避吧。

八、北平——无边落木萧萧下，不尽红尘滚滚来

上海的夜里，春风徐徐。低头赶路的三个人却没有心情感受这些。深夜的火车，萧红由萧军和弟弟张秀珂一起去车站为她送行。萧军想过让张秀珂与萧红一起去北平，这样身体柔弱的萧红也可以得到照顾，却不想张秀珂并不情愿。其实萧红心里清楚弟弟与萧军现在是同一阵营的“战友”，关于她和萧军的个人感情，弟弟对此并不是十分清楚，反而弟弟认为是萧红在无理取闹。一母同胞的弟弟站在自己的对立面，萧红真的注定是一个“孤家寡人”了。弟弟也好，父亲也罢，不管怎样他们都是男人，对于她内心的愁苦，无法言说的痛楚，他们是永远不会真正理解的，这就像襁褓之中的婴儿不能感受北平刚刚经历的纷飞战火一样。

萧红望着萧军渐行渐远的背影，心中十分杂乱，她不知道这一次的逃避对于他们的感情修复有没有意义。此去北平，又是孤身一人，想来境况也与在东京的生活没有什么区别，总之她无法忍受感情的“四人游”，夹在黄源夫妇与萧军之间的尴尬境地让她无处藏身。

自返回上海居住以来，萧红就投入到繁重的工作之中。神经

衰弱，时好时坏，再加上她的胃病再度发作，她便无暇顾及与萧军的感情问题了。听闻萧军与黄源的妻子有了特别的关系，黄源与许粤华的关系貌似变得越发不可调和，黄源也有了解除婚姻关系的想法。其实，身处情感旋涡中的几人都清楚这些纠缠是没有任何结果的，但是三人因为工作的关系又是抬头不见低头见，面面相觑变得难堪至极。

三个人的关系复杂而微妙，恰恰这个时候萧红回国，于是性格内向且善良的萧红成了三个人发泄苦闷的出气筒。黄源的性格比较文弱，在面对刚硬的萧军的时候显得气势不足，所以他经常把怒气发泄到萧红的身上；而萧军这个最大的当事人也是躲躲闪闪不肯解决问题；许粤华更是常常无故生闷气，连对许粤华的问候都成了萧红的错误。

无论是在文学领域还是在生活领域，“二萧”已经成了大家公认的一个整体，现在萧军惹出了混乱，朋友们也把这些负面的情绪带给了萧红。大家这是在用萧军的错误惩罚自己吗？萧红好不委屈。虽然二萧没有办理过正式的结婚手续，也没有一个公开的婚礼仪式，但他们二人现在就是板上钉钉的夫妻关系，萧军从不赞赏萧红的才智，但是萧军的过错竟然要萧红来承担。

有失公允的“捆绑”伤害了萧红的自尊心。在和萧军的关系里，萧军一直以一个主外的角色现身，而萧红却不得不以一个主内的身份存在。若萧军是一名生产者，萧红就必须是一个奉献者，萧军要实现自我超越，要扩大并确认自身的社会形象，可是萧红不需要做到这些。她忍受不了对萧军的全方位服务，这分明是周围一切强加给她的负担，她觉得此时的上海是一个铁笼，她不能坐以待毙，所以她本能地逃离。

刚硬的萧军在面对伴侣决绝的目光时也感到害怕，毕竟在黄源夫妇的感情里他充当了第三者，周围的朋友们也对他颇有微词。在某种程度上来说，孔武有力的萧军现在隐约陷入了孤立无援的境地。他此时依然眷恋共患难的萧红，但又无法保证仅仅专心去爱她一个女人。送走了萧红，他与张秀珂吃了一碗面，就各自回家。

萧军缓缓推开房门，桌子上的台灯还在开着，仿佛是萧红依旧坐在那里查找资料一样。空荡荡的房间，四月份的风从窗子外吹进来竟也觉得瑟瑟发抖。原来他对她用情至深，自己都未曾发觉过。当晚，萧军主动写了一篇日记，叙述了妻子离开后他孤独愁苦的懊恼心情。很长一段时间，他强迫自己写作，但萧红的离开好像也带走了他的创作灵感，他烦闷起来，但是身边不会有人再帮他捡起被他摔在地上的书稿了。

原来她对我来说是如此重要，我们曾在对方最苦难的时候热烈相爱，决堤的洪水都无法阻断热情，辗转多地共患难，一同创作也一同成名。昏黄灯光下，他写下了对妻子的强烈思念。信寄到萧红手里后，她也抽泣起来，明明是两个还在相互惦念的恋人啊，为什么像是中了毒一般，不能“服毒自尽”，这样浓重的思念萧红消受不起。

此时的北平没有想象中的安宁，刚刚经受了战乱的摧残，街上的行人都要比以往走得快，这次的北平之行依然是孤身一人，萧红要先找到旅馆安顿下来才可以做下一步的打算。

起先是住到了一家叫作迎贤公寓的旅馆，因为条件较差，她本就不佳的睡眠质量大受影响，所以第二天搬至中央饭店居住。一天两元钱的租金并不便宜，所以还是要寻一个新的住处。她想到了萧军的同学周香谷，无奈没有找到他，后又想到了汇文中学的李忆之，她搭车赶往李忆之的住址。李忆之已经成家还有了很多孩子，更让萧红感到惊喜不已的是，多年前一起在北平读书时的挚友李洁吾也住在距离不远的地方。

李洁吾这个名字再一次听到已是恍如隔世般的遥远，一起读书的时候，还是萧红充当“娜拉”的岁月。那段日子既艰难也更自由，后来因为汪恩甲的不期而至，不知原因，萧红不告而别，为此事李洁吾还冥思苦想了很久，心中满是疑惑和委屈。

萧红随李忆之来到了挚友的住处，她身穿长款旗袍又在外面加了一件黑色的大衣，留洋归来的新潮气质很是引人注目。进到院子后她先认出了李洁吾，她很快握住了他的双手，激动并带有哭腔地说："洁吾，可还记得我吗？找到你真是不容易啊！"李洁吾一时竟呆住了，过了一会儿才反应过来，二人手牵着手交谈着重逢的喜悦。进到房间后，萧红拥抱了李洁吾，既是重逢的强烈欢喜，也是她已经习惯的社交礼仪。但不想这一切被李洁吾的妻子看见了，自萧红进门到拥抱李洁吾，这过程让洁吾的妻子心生疑惑。

李洁吾的妻子对这位名动一时的女作家并不陌生，无论是从报纸上还是众人的谈论中，她埋怨李洁吾没有讲过他与萧红结识的细节。敏感细心的萧红在一旁察觉到了这些，于是吃过晚饭后，萧红返回了居住的旅馆。第二天的上午，着一身天蓝色西装裙的萧红再度现身洁吾家，这次与洁吾的妻子渐渐熟络起来，三人谈了很多各自的生活经历，饭桌上，萧红又谈起了萧军。

因为还没有找到合适的空房间，萧红说起了要到李家暂住的请求，李洁吾欣然同意。搬进房间之后，萧红放下行李箱的第一件事就是取出了萧军的单人照，并把它放在了房里的桌子上。相信这个细节不是萧红随意为之，她这样细腻敏感的人考虑事情总是周全备至的。她早已察觉到洁吾妻子对她的怀疑，而当年与洁吾是私交甚好、不分彼此的好朋友，她这个行为其实是想告诉他们，她已经有了爱人，并且十分爱他，自己对李洁吾绝没有非分之想，也扑灭了挚友对她可能心存爱慕的幻想。又或许是她想多了也说不定，总之她的直觉告诉她要这样做心里才安稳。

这次北平之旅她没有什么繁重的工作安排，算是单纯地散心休养。北平并不安稳，在安顿下来之后，她急切地盼望见到更多的旧友。

虽然是孤身一人，但旧地重游，萧红很快适应了北平的生活，再加上她设法联系上了舒群等好友，而萧军也在信中表达了些许歉意和思念，萧红的心略有安定，她很期待与这些故人在北平重逢。

红尘滚滚，即使落木萧萧，这世间还是有着两片相同的叶子，在漆黑冷寂的茂密森林中相互取暖。

天黑了，快回家吧。

不必了，哪里都是地狱。

九、长城——此夕相逢，云卷云舒

自青岛一别，萧红与老友舒群在北平再度相见。舒群是年初到北平的，现在居住在北京大学的宿舍里。他听说萧红在李洁吾家，于是很快赶来与萧红相见，两人相见又是几度落泪。舒群是劫后余生，萧红也是凤凰涅槃。其实在青岛被捕的时候，舒群是万万不敢想象此生能够再见萧红的。此前因为托萧军帮忙面见鲁迅先生，他们之间产生了一些小误会。萧红知道舒群安全后也很奇怪，为什么他没有恢复与她的通信，难道是因为自己变成了名扬全国的作家吗？这一次两人经过解释缘由之后，他们之间的心结立刻就打开了。其实，萧红说与不说，对舒群而言，并不重要，因为他是不会计较萧红的小“过失”的。

这时候身在上海的萧军，因为朋友们的不待见，像孤魂野鬼一般，有时候去许广平处倾诉一下困惑，有时会去电影院消磨一下时间。上海的雨季来了，电影散场已是深夜，走在湿漉漉的街上，人影稀少，素来胆大的萧军因为无尽的寂寥也有点怕黑起来。他唱起歌来壮胆，一遍又一遍，是同样的曲调，他也不知道自己唱的是什么。街上越来越黑，零星的灯光都消失了，他好害怕萧红就此狠下心来变成了薄幸的人，她应该不会爱上她的朋友，萧军一遍遍地暗示自己。

百无聊赖之际，他再一次主动写信给北平的恋人。很久没有为萧红写诗了，已经忘了上一次写这样深情的诗是什么时候了。萧军知道北平有萧红的老友李洁吾和舒群等人，他一方面因为萧红有人照顾而安心，另一方面又担心这种“照顾”越了线。他的出轨行为，深深刺痛了恋人脆弱的心，萧红正值感情的迷茫空窗期，这些无微不至的照顾在萧军看来都变成了可怕的利器。

他按捺不住心中的焦虑，又写了很多信寄给萧红，信中表达了对萧红的思念，表达了自己也想前往北平的愿望。每接到信后，萧红都是要哭一次的，也许萧军算是一个胜利的情人，但不是一个合格的丈夫。从前萧军用尽所有的办法给自己最好的生活，以前自己能够完全信任他。萧红知道萧军的想法，比起妻子，他更想要一个追随者，而且这个追随者要与他达到灵魂上的契合，而且更重要的是不能站在他的头上去教化他，萧军要的是一个没有思考欲望的信徒。

但是萧红肯定不是没有思想的女人，她是无法达到萧军对于“妻性”的要求的。丈夫承诺责任，恋人带给她赞美，萧红还是张迺莹的时候，她没有机会选择她的生活，她盲目地要求萧军的责任，但她成为萧红的时候，她更需要萧军的认可。萧红依然忘不了萧军在与朋友谈论她作品的时候那种轻蔑的语气，比起闲言碎语，对她作品的不认可更会让她暴跳如雷。

只有感受到对方强烈的爱意的时候，信服对方无限的赞美的时候，她才会心甘情愿献出她的身体。可是二萧的恋爱程序却跳过了所有步骤，萧红在这段感情里处处被动。另外她也不能对外人谈论什么，因为她发现整个社会都是癫狂的，原来李洁吾与妻子的关系根本不像表面看起来那么和谐。李洁吾毕业之后就到孔德小学任教，因为父亲早逝，所以母亲带着他的未婚妻来北平投奔他，说是未婚妻，其实不过是母亲一厢情愿的结果。李洁吾与母亲相依为命，自然不会违抗母亲的心愿，遂同现在的妻子成婚，婚后育有一女。萧红了解到夫妻二人常有冷战，感情上也是貌合神离的状态，每天的生活不过就是将就彼此，为了孩子，将从来没有的爱情强制演化成了亲情，这样的夫妻也可过得一生。

在北平的二十几天里，萧红常常与舒群游览风景。舒群足够了解萧红的性格，虽然她和从前一样还是对自己的事情讳莫如深，但萧红的表情不会掩饰，舒群也看得出来。为了排解忧愁，二人也会去影院打发时间，一同逛东安市场、王府井大街，一同去听京剧。有时候京剧听得入神，忘了时间。散场已是深夜，舒群的宿舍门早已关闭，他就在萧红的住处借住，睡在房间的地板上。两个人外出散心，也互谈心事，萧红没有给自己安排写作任务，终于有了难得的清闲。

悲悯的萧红也自责起来。在硝烟未尽的北平，一个有着精神追求的作家，不去专心创作文章，却一个人为了疗养情伤躲到北平来，实在是自私，她把这些难言的困惑都写在了寄给萧军的信中。

舒群向她发出一起登长城的邀请，她也愿意欣赏一下人类历史上的伟大奇迹，还可以登高远眺，说不定可以把这些苦痛给忘了呢。疾病未愈的萧红勇登长城，夕阳西下的时候，山那边起了大风，风声似海一样，几乎要把众人吞噬，让她想起了《吊古战场》里的气势，她的灵魂被长城的建造奇迹震撼，也忍不住又在信中把这种感叹写给了萧军。

她与舒群谈论着古人的智慧与毅力，又想起自己的感情遭遇，她安慰自己这又算得了什么呢？不如就让这山风把愁苦就此吞噬吧。暂居北平的这些天，他们一起游览了中山公园，尝了东来顺的涮羊肉，去了青龙桥，萧红一向对自然景观有着超出常人的敏感，想必这些景物也使得她烦躁的心情得到了一丝安慰。

为了感谢舒群数日的陪伴，萧红决定把经由鲁迅先生亲自修改的《生死场》手稿送给了舒群，舒群接到手稿后，看到那些红色的修改痕迹，心中更是对鲁迅先生有了更多的敬意。

面对动荡不安的北平，萧红隐约有一种不祥的预感，看似平静，其实暗流涌动。她叮嘱舒群和李洁吾等好友要保护好自己和家人的安全，有缘自会相见。

长城上观山风浩荡，青龙桥赏月色池塘，虽然只有二十余天的记忆，但这也算是萧红一生中难得的清闲时光。人生若只如初见的注定，可能无法改变，突然一个念头在脑海中生成，若当年去东兴旅馆给萧红送书的人是舒群，后面的故事又会怎样发展呢？

传奇的人生充满无数的如果，可惜没有如果。

十、上海——战火中的七月

萧红在北平的最后几天里，二萧往来信件频繁，萧军在信中流露出难得的忏悔之意，这让萧红心里宽慰了许多。本来要去北平与萧红相会的萧军不知为何改变了行程，他不准备去北平，所以即刻给萧红回信，期盼她尽快回上海。

萧红不在的二十几天中，萧军时刻忍受着思念的痛苦和朋友略有疏离的孤独，所以听说萧红已经准备返程的消息后，萧军十分欣喜。他期待这是两人全新生活的开始，他期待两个人都能忘记之前的相互折磨。经过一段时间在北平的散心和萧军的不断来信，萧红也有和好的意愿。

萧红在5月中旬回到了上海，两人都有彼此迁就的想法，所以刚刚返回上海的这段日子两个人的确没有爆发过比较激烈的争吵，文学创作主张的根本分歧也因为连续不断的工作被暂时遗忘。萧红的短篇小说集《牛车上》作为《文学丛刊》的第五册由上海文化生活出版社出版，萧军也在忙于整理鲁迅先生的一些文集，二萧的交流次数相比之前而言依然不容乐观。两人共同参加的文学活动多以公事为主，而私下的沟通越来越少。萧军渐渐发现他们的爱情是建立在工作上而并非精神上了，心里已经部分认可了妻子的成就，但他自己还是不愿意承认，并试图要“消灭”

萧红的缺点。

萧军甚至想过有一天萧红会越来越轻视自己，面对那些光环，萧军倍感无边的失落。自己明明是妻子文学道路上的引路者，现在却被她的光芒掩盖得只剩下阴影。甚至自我臆想，认为萧红已经不再需要他的保护，既然在这里找不到存在价值，那便丢开，不如去寻其他女人，人世间苦难的女子那么多，不止她张迺莹一个。

不再需要女人的爱情，她若还想继续存在那便存在，若是不愿请尽快离开。

二萧的冷战数次爆发，更是因为萧红的“吃醋风波”将二人的关系降到了冰点。两人穷困的时候守在一起，生活稍有改善，感情却出现了问题。

萧军是一个热衷英雄救美的游侠，被需要可以作为他重要的精神支柱。以往两人在贫困交加中艰难生存，萧红只能依靠他，萧军在流离失所中更加精神百倍，他是恋人强大的避风港。这种游侠性格的人，若是现世安稳，则会像无头苍蝇一样乱撞生活的墙壁，或者无事可做到发疯。

游侠总希望用自己至高无上的光辉教化被他拯救的女人，这些普通的女人经过他的教化都变成了一尘不染的圣女，她们温柔娴静，不争不怨，面对恋人的背叛也能大度理解。萧军“高估”了萧红，他曾认为萧红要比其他女子更加懂得忍让，更有容人之心，谁知道吃起醋来丝毫不落后于其他女人，并且更甚。

他并不懂她，以为拯救就是永远，以为教化就是疼爱。真相是表面温和的萧红骨子里比任何人都要倔强，都要叛逆大胆。她的“矛盾体体质”本就是一个永远看不清的谜团，冰山围绕中的烈火，不鸣则已一鸣惊人的气魄。当年落魄脆弱的萧红瞬间激发了萧军的保护欲，但当他渐渐了解这个女子后才发现她是永远不甘心按照父权思想的梦想去塑造自己的，她给了他一个救美的机会，但是不会给他控制的权利。

萧红也高估了萧军，甚至是高估了她遇见的所有男人。她爱这些人，与她爱写作、爱自然、爱故乡的山川长河一样爱得真爱得深。爱在苦难中挣扎的男男女女是出于相同的情怀，是真真切切的悲悯疼惜。在爱情中，她高估自己，妄图以一己之力去把这些男人改变成神，这听起来就像是天方夜谭，结果必然是失败的。她甚至不惜搭上自己，接着反抗，反抗到极限的女子采取的方法通常是自杀，但对于萧红来说，她不会选择自杀，沟壑纵横的土地依然有她留恋的东西，她不甘心闭上眼睛。

萧红选择一次次原谅恋人的背叛，其实并不是周围人眼中那样——她大度宽容，而是放不下。

新作《牛车上》出版后，受到了多方的关注，萧红的文坛地位随着各种佳作的问世也更加稳固，显然超过了萧军，即使在当时男性作家众多的文坛上也可称得上是独树一帜。萧军还是坚持从前的观点，认为萧红的小说类似散文，结构上不够严谨，文笔也没有评论者们说得那么神乎其神。其实平心而论，萧红的文字确实并不精致华丽，她的文字是如小溪在山间缓缓流过，没有惊涛骇浪，也没有棍棒刀枪，有的是打动人心，而且是永久地打动人心。

萧红的描述之所以能够打动人心，是因为她不会在文字中刻意去表达空洞的热忱，而仅仅是描述苦难，以一个旁观者的角色一字一句地记录这一切。她不去呼吁，不去斥责，更不会向读者大众喊口号，不会告诉读者应该要做什么。萧红只传达，她等待的是大众的自我觉醒，她相信“人之初，性本善”，虽然这很艰难，但她一直不放弃寻找。

对于这些，萧军可能永远都不会理解，也不屑于去了解。

1937 年 7 月 7 日，日军谎称军事演习中士兵失踪而潜入宛平县搜查，遭到县长的拒绝，于是发动策划已久的进攻，战火很快由卢沟桥一带蔓延至山海关周边，日寇彻底暴露了全面侵华的罪恶目的。“七七事变”爆发，中华民族陷入危亡境地！

继北平沦陷后，天津等地也被日寇侵袭，战火很快蔓延至上海。炮弹在萧红的窗子外面四处横飞，红光烈焰中，战士的喊声让萧红撕心裂肺，她把双手紧紧贴在胸口上。她有着难言的疼痛，街面上都是死尸，沾着鲜血的兵服挂在旗杆上，多想一步冲出去把跪在妈妈身旁的孩子抱起来！想必东三省和北平一定也是一样的惨烈景象。战火中，她收到了李洁吾的回信。

李洁吾向她叙述了北平城的混乱，硝烟四起，汉奸走狗气焰嚣张，能逃的人都逃走了。他还把萧红送的两本书寄了过来，趁一切还可以挽回，这些珍贵的资料不能失去。

民族危亡之际，人与人之间不再有芥蒂，不再有矛盾，更没有高低贵贱之分。张秀珂也前往西北参加抗日战争，自幼体质羸弱的弟弟在 7 月 12 日夜与姐姐匆匆告别。这一别，即成永远。

淞沪抗战爆发之前，大家已经感受到了硝烟，在 7 月 17 日召开了“鲁迅先生纪念委员会成立大会”，抓紧时间为文坛保存更多的珍贵资料，萧红赶忙投入到鲁迅先生的文集整理工作中。

8 月 13 日之后，上海地区的出版社及各大报刊都面临即将停止工作的棘手问题。时间紧俏，巴金等人匆忙把《中流》《文丛》等刊物合并成新刊《呐喊》。而此时，胡风也有创办刊物的想法，于是他邀请二萧等作家一同为新刊物建言献策。也就是在这个会议上，萧红与端木蕻良第一次相见。

新刊物的名字由萧红提议，刊名“七月”一经提出便得到大多数人的认可。《七月》杂志为周刊，在连续出刊三周之后，因为战势扩大被迫停刊。大家纷纷商议如何撤离上海，一些人去了延安，另一些人则留在了租界里，而二萧决定随胡风一同前往武汉。

撤离路线确定后，接下来就要抓紧动身。当年一场洪水，萧红得以绝处逢生，使二萧坠入热恋。现在因为战争，两人必须把个人的情感矛盾深埋心底。

民族危亡之际，情与爱、恨与怨看起来那么矫情可笑。不曾放弃想你，也不曾放弃怨你，只是从热烈变得悄无声息。

别了，上海。

十一、武汉——不把沉默说破，我有欣赏你的资格

漆黑的水面与漆黑的天空连成一片，眼睛睁开、闭上，看见的都是相同的颜色。萧红和萧军到达武汉后，搭上了一条船，和他们一起乘船的是失联的伤兵和无家可归的难民。

又是一阵天旋地转的头晕，萧红半躺在船板上看着很多双空洞茫然的眼睛，都是些难以形容的表情，没有死里逃生的喜悦，也没有妻离子散的剧痛，真正难言的苦楚反倒没有力气去倾诉。江汉关越来越近，轮船暂停下来接受例行检疫。萧红的胃里瞬间翻江倒海，她脸色惨白，双手捂着肚子坐在难民中间，这让检疫官很容易就注意到了她。人生何处不相逢，检疫官竟是于浣非！是二萧东北时的老友。

于浣非看到极度虚弱的萧红便赶忙喊来了蒋锡金帮忙，要他把二萧送到自己的检疫船上去休息。战势扩大后，国民政府从南京迁至武汉，当时武汉还属于大后方地区，暂时没有受到战火的侵扰，沦陷区的难民们短时间内大量涌入就导致了武汉的房源紧缺。

蒋锡金对二萧的名气早有耳闻并且看过他们的文章，也听过

萧红的一些事迹，心中对眼前这个坚强的女子很是钦佩，再加上于浣非的建议，二萧便随蒋锡金来到了他的住所——武昌水陆前街小金龙巷21号。

锡金的住所有两个房间，一间是他的卧室，另一间就做了书房。由于工作原因，也为了方便，自己常常不在家居住，所以他就搬到了书房居住，把卧室让给了二萧。三个人很快成了亲如一家的朋友。萧红每天洗衣做饭，收拾房间，萧军外出买菜，外出回家的锡金就和二萧一起吃饭。这里是一处较为安静的小院子，距离闹市区很远，恰好给了萧红一个安静的创作环境，稍微安顿下来之后，她又开始了创作。

突如其来的战争把陷在无望感情里的萧红震醒了，国难当头怎会计较个人的儿女情长，生命高于一切，用文字拯救苦难中的人们依旧是她的精神追求。自淞沪抗战爆发后，她的《天空的点缀》《窗边》《失眠之夜》《小生命与战士》等纪实性散文陆续发表，自身难保的弱女子不能忘记作家肩上的责任，而她与生俱来的悲悯情怀也不能使她无动于衷。她有正义感，宛如一个侠气十足的江湖儿女，见不得反战的日本籍朋友为难，她不顾个人安危地为他们的安全四处奔走。这种时候，谁能看出萧红的软弱？

先于萧红到达武汉的胡风，正着手《七月》的复刊工作。不久之后，与《七月》相关的一些作家也来到了武汉。待事情安排得差不多后，萧军便给端木蕻良写信，要他赶快到武汉来与大家一起办刊物。此前，端木蕻良途经镇江的时候不慎扭伤了脚，就与他的三哥曹京襄在浙江养病。养病期间不想风湿病又再度发作，端木的行动更加不便，但是收到萧军的来信后，他顾不得许多就匆忙动身，赶往武汉与大家相会。

二萧与端木是在胡风邀请商议筹办《七月》小会议上认识的，当时大家彼此并不熟悉，二萧只对端木那一身洋气十足的外套和脚穿新潮的皮靴还有些印象。会议上大家各抒己见，气氛难免变得吵闹喧嚣，男作家们手持香烟扯着嗓门喊着自己的主张，女作家们也毫不示弱，用上全部的力气大吼着坚持她们的想法。

一向细心的萧红突然注意到了一旁安静微笑的端木蕻良，他不抽烟，也没有站起来表达想法，他默默观察大家的表情，听到其他人的主张后安静思考，然后还悄无声息地微微点头。随后的交流中，萧红竟然惊喜地得知端木也是辽宁人，与萧军恰好是老乡。豪爽的萧军听到后也非常高兴，立刻与端木攀谈起来。

原来端木在上海已经居住了一年多，很遗憾的是，大家居然从未知道对方也在上海。萧红向胡风抱怨起来，问他为什么不早点介绍端木与他们认识，胡风也尴尬起来，一时竟答不上萧红的"责问"。

萧红主动倒了一杯热茶给对面的端木，端木接过茶杯微笑不语，他与这些直爽的男作家们太不相同。他文雅腼腆，接过茶杯时的神情甚至有些羞涩，这让他身处在其他作家之间显得格外不同，萧红与萧军对这个东北老乡的第一印象都很不错。

端木到达武昌后，直接找到了小金龙巷21号，萧红正从巷子里走出来，一眼就看见了正想敲门的端木。萧红惊喜地叫起来，喊着萧军的名字叫他猜是谁来了，萧军推开门看见是端木也高兴得叫起来，三个人欢快地走进了小院子。

端木环视了一下四周，对萧军说他打算托朋友在这里寻一个住处，萧红在一旁说："就别走了，和我们住一块儿，有事情也好商量，老聂他们天天都来，我叫锡金给你搭张床就行了。"萧军笑着说不用麻烦锡金，让端木直接住在他们房间，端木住外边，他和萧红住里面。端木有些犹豫，看到萧军和萧红热情的挽留，两个人又开起对方的玩笑来，也就同意了。萧红很高兴，提起她的小包对端木说她现在就出去买些吃的回来，算是为端木接风洗尘。萧红前面刚出去，锡金就回来了，见到端木蕻良热情地打招呼。

萧红很快就回来了，手里提着熟食和一些菜，大家欢聚一起吃酒。端木竟然不会饮酒，大家都很惊讶，不过通过对他的观察，他不会饮酒，大家也觉得在情理之中了。端木盛情难却也喝了一些，脸立刻红起来，从耳朵到脖子。萧红的酒量有些惊人，微醉时她向朋友们谈起自己的创作主张，她希望写出更有生命力的作品去唤醒大众。此时不断举杯的萧红，在端木蕻良眼里，活像一个仗剑江湖的女侠。他曾以为萧红是一个病若柔柳的女作家，也许是一个多愁善感的林妹妹，也许是一个拒人于千里之外的冰山美人，总之不会是像现在一样一边饮着酒一边大笑的普通东北女子的形象。

众人席间推杯换盏，一直谈到深夜才散场。萧红知道端木患有风湿病，又一路奔波劳累，所以特意为他烧水叫他烫脚。端木烫脚的时候，萧红整理好了床铺，然后叫端木早早休息。端木很快就入睡了，二萧准备和锡金商议要端木在这里住下去。第二天，锡金就去邻居处借来了竹床，于是端木便搬到了书房里住下了。

躲到角落里咳嗽的萧红脆弱卑微，与萧军争论问题时却坚定有力，深夜里创作时全神贯注，洗衣做饭、忙里忙外时又是那样周到贤惠。萧红嫌弃端木的房间一团乱麻，一边埋怨一边给端木收拾房间，归置物品，还顺带拿走端木换下的衣服去洗。家庭环境优越且是幼子的端木不会打理个人生活，他习惯了被人照顾，也喜欢被人照顾，并且还很享受“大姐姐”萧红对他的嫌弃和埋怨，和二萧生活在一起是不需要个人隐私的，这让他感受到家的温暖。

几乎每天都有茶余饭后的“争吵”，萧红对于创作的观念决不让步，萧军则是在任何事情上都不愿意妥协。气势足、嗓门大的萧军总是占得上风，一旁的端木往往站在气势弱的萧红一边。端木与萧红，无论是在作品风格还是创作理念上，都更为接近一些，于是“姐弟”二人常常合力“镇压”萧军。

萧军是一个在家里坐不住的人，他看起来永远那么精力充沛。若不写作，白天一般是不会留在家中的。小院子里就只剩下萧红与端木两个人，萧红性格内向，端木竟比她还要羞涩腼腆，所以话题往往是萧红首先开腔。两人都有绘画基础，而且端木的学历更高，知识也比萧红渊博，一有时间两人就谈古论今——从绘画聊到书法，从历史聊到哲学，当然谈论最多的还是对于文学创作的想法和主张。端木不止一次地表达过自己对萧红的欣赏，这对萧红来说十分难得，端木好像是除了恩师鲁迅先生之外第一个如此正式且正面地赞扬自己作品的人。

当时的端木名气不及萧红，在作家圈子里也处于一种不尴不尬的境地，周围的许多朋友都是对他抱以敬而远之的态度，虽然表现得并不明显，但是敏感的端木还是感觉得到。他不会说什么，也没有迎合的欲望。但是萧红不一样，她好像知道一些事情，又好像什么都不知道，她没想过端木是谁，思考他未来会怎样，她只是出于朋友的道义去关心这个腼腆羞涩的弟弟。

萧红与端木有一种他们自己都没觉察到的共同点，萧红习惯于扩大想象，放大情绪，无论是好情绪还是坏情绪，而端木也同样如此。此时萧红照顾朋友的心意当然还停留在道义上，敏感的端木是否会把这种关心放大到新的境界不得而知，能清楚的只有一点，端木是发自真心地欣赏萧红。面对气场强大的萧军，他不会据理力争，有时候看到二萧的争论，他更愿意充当一个观众，一个只欣赏萧红一个人的观众。

十二、山西——知你盛开艰难，愿你余生平安

三个人的辩论会时常发生，萧红的胜负其实并不重要，她要的是坚持这种勇敢的行为。她很享受男人和女人可以在一个平等的舞台上，表达着各自的真实意愿。只有在争论的时候，才没有人把她看作是弱者，若是侥幸得以胜利，她更会以女性的身份而感到骄傲。

其实西方流传的绅士行为，也不一定就是一种真正的尊重。在萧红看来那不过是对女人和弱者的同情，尤其是漂洋过海来到中国后，这种思想、这种同情的主人就带有了更强烈的优越感。聪慧的萧红看透了，某些男人的真切利益一旦被触犯，他们是绝不会让步的，即便是在意乱情迷的时候也不可能。谦让、宽容的绅士思想，更多地会体现到那些对他们而言根本是无关紧要的小事情上面，比如乘船买票的时候、排队取饭的时候，等等。倘若真的是涉及话语权，那个时代人们对待女性的态度比对待男性时更加冷酷刻薄，面对同样的成就，女性很难做到让大众像尊重男性一样地尊重她们。在文学上，这个观念则尤其严重。而讽刺之处在于，这并不是明明白白的规则，而是心照不宣的惯性。他们

给女作家设置更多的障碍，对她们的作品“翻炒式”起底，由作品上升至人品，看不见她们付出的百倍努力，也不在乎她们是否家庭环境优裕、是否百病缠身……他们对作者本身的奋斗毫无兴趣，认可就是一种让步，就是一种侮辱，所以通常情况下他们会选择回避，甚至充耳不闻。

这种故意不认可的行为和大范围的忽视会比那些流言蜚语更让萧红愤怒，流传的闲言碎语并不会触及萧红的底线，因为作为一个公众人物就是要做好周边对自己的评头论足的心理准备，这也可以看作是一种认可，但是忽视她的作品并且不认可她的文笔，萧红绝不能忍受，面对这些言论，萧红会不顾一切地赌上所有“家当”地去抗争。

在对待类似问题的处理方式上，萧红与张爱玲不同。面对忽视和不认可，张爱玲会愤怒，会比萧红更怒不可遏，但是从不屑于与人沟通的她自幼坚信“人之初，性本恶”，她会对这些打击装作视而不见，当情绪即将失控时迅速远离人群。刻意忽视我可以，我没有任何错误，我的存在本就是一种错误，那么我选择离你而去。

萧红是一个善良得有些过分的女子，在兵荒马乱的年代，这样的情怀却显得有些不合时宜。百病缠身的她，会关注苦难中挣扎的大众。本来自己也在忍受暴力侵害，她看到与她同样遭遇的女子，就更是愤愤不平。但她又不是一个跟风的写作者，带有时代色彩的典型作品，她不会去涉及，《生死场》产生的“额外”作用则另当别论。萧军说她时代事件敏感度太低，朋友们也都当她是不太擅长经营这些，其实他们都没有弄清楚萧红真实的创作意图。

写作者要面对人类的愚昧，这是萧红一开始就坚持的创作思想，并且从未改变过。她或许是一个感情上的失败者，是一个文学中的朝圣者，也是生活里的迷茫者，没有选择的权利，自由的天空永远是灰蒙蒙的。她看不清人群，就像人群看不清她，但是对于创作，她有着清醒的认识，知道自己该写什么。

生活在暂时安定的武昌，她总是院子里醒得最早的人，依旧是做饭烧水，看书练字。她一定要把水烧得滚滚开，这样似乎整个房间都可以温暖起来，手能触及的地方都是暖暖的。杯子是暖的，窗子是暖的，外面偶尔飘落的雪花也可以是暖暖的，一旁抽烟的萧军和打着哈欠的端木都是暖暖的。

一天中的晚饭是大家都期待的，酒过三巡后，照例是要“争论”一番的。若是锡金也在的话，四个人就更热闹了。萧军的舞跳得很好，他模仿北方的萨满跳大神舞；萧红也会在一边跳却尔斯顿舞；端木被欢快的气氛感染，平日里腼腆的他也会在一旁朗诵文章，即兴画画；锡金则是会洋洋洒洒地写上几句诗。几人甚至设想，若是武汉沦陷的话，怕是又要接着流浪，四人组成流亡宣传队，一边流浪，一边宣传抗日思想。他们人虽少，但每个人都还算多才多艺，总之能活下来接着完成未竟的事业。

四个人的小院子还会有更多的朋友到来。锡金的童年旧友梁白波寻到了小金龙巷。梁白波是一个女画家，此前还参加了叶浅予的漫画宣传队，一直在江浙一带宣传抗日思想，近日随队伍来到了武昌。她一进门就注意到了萧红挂在墙上的风景画，于是两人一见如故，攀谈交流起来。其实两位才女之间颇有些渊源，梁白波曾与萧红的旧友金剑啸有过一段恋情，萧红早在金剑啸那里听过她的名字。

几个人聊得很是欢畅，梁白波提出了要搬到小金龙巷的想法，萧红与萧军当即表示欢迎，锡金则有些犹豫，原因是一共只有两间房，若是她来了，剩下的人就不太方便了。萧红直接说：“那好办，端木和我们一起住，让梁白波搬到你的房间去”。几人又争执了一会儿，梁白波最终搬了进来，而端木搬到了萧红与萧军的房间。小金龙巷21号比以往更热闹了，五个人亲如一家，一起买菜吃饭，一起交流艺术思想，却不想几天后蒋锡金遭遇了一件始料未及的事情。

蒋锡金在“一二九”周年纪念会上说了一些话，在上街吃饭的时候被几个特务强行带走。他们还强迫锡金签下字条，然后拿着字条找到了21号。萧军和特务们争执起来，朋友去警局报警带来了警察，警察以聚众互殴为名把他们全部带到了派出所。后来经过胡风等人的保释营救，他们才被放出来，原来特务发现了几人写的文章中涉及东北地区的抗战往事，担心激起群众对当局的反感才抓了他们，但在名义上却说他们没报户口。面对这样的局面，除了无奈还能如何呢，他们选择了沉默。

始料未及的事情接二连三地发生，21号中的人变得更加机警敏锐，手无缚鸡之力的文人只得把抗日的热情寄托在字里行间。南京沦陷后，发生了惨绝人寰的大屠杀，萧红越来越认识到原来人恶毒起来真的可以无从想象。距离不算太远的武汉城内也是人人自危，大家又开始计划着逃离。

蒋锡金搬到了朋友孔罗荪家中居住，冯乃超也搬到了孔罗荪处与他们同住，就把原来的房子让给了二萧居住。这样一来，萧红就要搬走，而21号就剩下了端木蕻良一个人了。搬走的那天，萧红打趣道："我们都走了，没有人给你做饭吃，看你怎么办？"端木回应："我有煤气炉，可以下面吃，饿不死的。"萧红突然打了端木一下，就笑着跑出去了。

听说在中共山西党组织的帮助下，阎锡山创办了山西民族革命大学，在全国招生。端木的老友臧云远来到了武汉为大学招揽人才。他找到了端木，希望他能帮忙寻一些知名作家来任教。端木把这个消息告诉了《七月》的作家们，聂绀弩等人积极响应，二萧的抗日热情也被点燃，当即决定和大家一起前往山西临汾。

他们1月末离开的武汉，直到2月初才到临汾，竟然在火车上度过了十天。

在前往临汾之前，萧红对端木的友谊已经发生了微微的变化，只是她自己未曾发现，而本来就不谙世故的端木也不会想太多，至于大大咧咧又极度自信的萧军就更不会注意到了。

才女要在自我迷恋中寻找自信和勇气。萧红受够了孤芳自赏，这种才华上的孤独感让她觉得无依无靠，即使身处热闹的团体，也有被人奴役压迫的感觉。一个女子要忘记自己的人格，把自己奉献给一个完美无缺的人，她就会看到被拯救的希望。现在她有恋人，但是她心里要装下更多的东西，装下作为作家的责任、渐渐成熟的女性独立意识，等等。

依赖感极强的萧红，在萧军的身上尽力发掘祖父的影子。当她陷入依恋时，她会下意识延长那段后花园的时光，延长她再也回不去的童年，在萧军的怀抱里变成一个小女孩，那是萧红理想的爱情状态。如果是单纯的朋友之情，萧红的反应会是大姐姐对弟弟的关爱。萧红对端木的笑容和一些微小的动作，都渐渐表现出来她在不知不觉中开始退回到小女孩的状态。

这可能又是一种萧红惯用的情感投射，以祖父张维祯为轴心的辐射。端木给萧红的感觉是一个“男版张迺莹”。端木气质文雅，又有清华大学历史系的学历背景，他通晓中国历史与西方文化，而且温柔细腻，与萧红一样热爱绘画。这样的端木正是萧红学生时代渴望成为的那种人，那时候萧红在书本上看到作家的名字，脑海中幻想出来的作家形象正是与端木蕻良整体气质接近的形象。最难得的是，端木蕻良正大光明地对自己表示欣赏，这对急于摆脱萧军“控制”的萧红来说，是一种精神的支持。

端木蕻良的出现给了萧红主动选择朋友的机会。以往周边的朋友都是萧军的旧友，他们只是把萧红当成萧军的一半，其实这样不可分割的“捆绑”早就令萧红感到不耐烦，而端木蕻良不是萧军的旧友，也不完全属于胡风团队里的人，他是一个独立自由的人，萧红羡慕这种自由，也羡慕端木穿奇装异服的勇气。

端木蕻良满足了萧红对浪漫艺术家形象的幻想，只是她可能没有想过越是艺术至上的人可能生活自理能力就越差，她和端木无疑是志趣相投的人，但是隐藏的缺点也是相同的。

此时毫无任何恋爱经验的端木应该没有察觉到这些微小的变化，他只是奇怪为什么萧红总喜欢一个人练字，写的还总是那句：“恨不相逢未嫁时”，对着他念了一次又一次。他很愿意有一个大姐姐照顾他的生活起居，他也希望萧红能够真正快乐起来，写出她更满意的文章，因为他们之间有太多相同的地方，有共同的痛苦和骄傲。

端木知道萧红的艰难，懂得萧红的寂寞，宁可萧红少承受一些不应该承受的磨难，即使她不再惊世骇俗，不再才华横溢，也真心祝愿她远离苦难，余生平安。

初到山西的萧红内心感受到北方大地的荒凉，联想到了家乡哈尔滨，便更觉失落。那些抗日热情高涨的年轻战士们的激情感染了她，她想起了参军的张秀珂，想起弟弟参军时坚定的眼神，也便觉得没那么无力了。这些年轻人一定有着更加光明的未来，胜利属于他们，胜利属于祖国！中国有他们，是不会亡的！

在男人堆里的女子难免显得落寞。不过这种落寞不久就结束了，因为丁玲带领的“西北战地服务团”来到了临汾。闪耀现当代文学史的两位才女作家在此相会，刚强与柔情的碰撞，烈焰与冰山的融合，让临汾这个地方顿时变成了书中的江湖。

萧红与丁玲同住一屋，同为女子的二人相互交流各自的创作理念，相互倾诉对方的感情纠结。萧红在丁玲的眼中是率真而自然的。丁玲奇怪为什么著作等身的女人还那么不知世故，可能是女人都喜欢抱有纯洁和幻想，同时又显得稚嫩和脆弱吧。对于丁玲，萧红早在鲁迅先生那里便听说过了，她感叹丁玲有着英雄的气魄，那是她不曾有的。

十三、民大——从此萧郎是路人

丁玲比萧红年长七岁，1928 年就完成了写作生涯的代表作。1936 年，丁玲决心前往延安，投身革命。外在气质上，丁玲与萧红截然相反，丁玲更具有江湖气质，坐在士兵中间，甚至很难让人一眼认出她在哪儿。两位女作家尽管有太多不同之处，但在女性独立意识上却有相同的见解，两人都极度渴望独立于世，活出属于女性的别样风采。萧红与丁玲很是亲近，萧红向丁玲谈到了儿时的往事，丁玲也谈到了被捕的经历，并且还把军大衣送给了萧红。

二萧和端木等还参与了西北战地服务团的文艺活动，一群热情洋溢的服务团团员和青春飞扬的作家们融合在一起，让临汾瞬间充满了文艺的气息和青春的活力。

山西民族革命大学，简称“民大”，是阎锡山于 1937 年 1 月在中共山西党组织的帮助下创办的。阎锡山自任校长，李公朴任副校长，教职人员大多数是中共党员与爱国民主人士。

这天夜里的月色和在小金龙巷的时候很像，看到一叠练字的稿纸让端木想起了萧红常常给他念的“恨不相逢未嫁时”，他想起了有一次萧红来到他的房间整理物品，一眼看到了桌子上的纸笔和墨，她就坐在凳子上画起来，因为两人都有绘画基础，所以很自然地聊起来。不知不觉中就谈到了日落，他对萧红说要赶稿子，萧红便劝他一起出去吃饭，他本来是打算给萧红做面吃，让她尝一下自己的手艺，但萧红说夜晚的月色很美，还是出去吃吧，她请客。

为了欣赏月色，两人特意选了靠窗的桌子，选了一家江边的小饭馆准备边吃边聊，两人聊得兴起竟忘了时间，吃了将近两个小时。回来的时候恰好路过一座小桥，萧红今晚的兴致很高，便倚在栏上同端木看了许久的月亮，周围静谧如常。端木对萧红说："已经不早了，咱们回去吧。"萧红说"好"，便挽着端木的胳膊回去了。走到 21 号，在进房门之前，萧红突然转过身，笑着对他说了一句"再见!"，便离开了。

想起这些，端木的心中泛起暖暖的微波。兵荒马乱的年月里，他看见的都是流离失所的难民和顽强抵抗的士兵，在与朋友们谈论文艺主张的时候，他也显得有些不太合群。比起跟大家争论，他更愿意一个人默默地欣赏月色。这时候往往能遇见同样出来散步的萧红，他与萧红都有安静创作的愿望，但是现实不允许。萧红越来越反感萧军对她的"专制"，端木对萧军的粗俗耿直也不是很喜欢，一种异样的感觉已经在端木心里渐渐地发酵。

萧红在民大这里有姐姐丁玲，有弟弟端木，也有如哥哥一般的聂绀弩，唯独不见她的丈夫萧军。忙起创作来顾不上想起他，就算是闲下来也不愿意想起他，但还是爱他。心情低落到极点，忙里偷闲中，她忍不住向兄长一般的聂绀弩倾吐心事。

聂绀弩预测她会是一个了不起的散文家，萧红马上接过话来说道："但是你的小说却不行。"在关于如何评价萧红的小说这个问题上，朋友们的观点基本和萧军是一致的。大家都觉得萧红的小说缺少气魄，小说的故事性很弱，而且结构上也显得杂乱。但是萧红有她的想法，她认为小说不应该有固定的写作模式，有各式各样的作者，就会有各式各样的小说，小说与散文之间的界限并不是绝对的。她还向聂绀弩谈及恩师鲁迅的有些小说也算不得严格意义上的小说，当然萧红并非看轻散文，而是带有赌气的成分，你们觉得我写不来小说，可我偏要写，不仅要写，还要写出在字数上超过《孔乙己》的小说。

她与鲁迅都是以悲悯情怀去描述书中的人物的，但是她书中的人物比她本人要高，而鲁迅书中的人物要比鲁迅本人低。鲁迅是一个很自觉的知识分子，他会站在高处同情他的人物，因为鲁迅是真的有高度，所以在他的塑造之下，书中的人物比现实更加可悲。萧红所描述的人物更像是集体塑造成的英雄，萧红对人物的“控制欲”较低，更多是以观察者的视角去记录人物身上发生的种种。

通过萧红与聂绀弩的对话，其实可以发现萧红与普通的鲁迅崇拜者是不同的，她不会像胡风等人那样，谈及鲁迅的时候言必称师。萧红之所以能让鲁迅如此欣赏她，是因为她是以一个普通人的身份去观察也是普通人的鲁迅，在萧红眼里，鲁迅不是文坛巨匠，也不是思想的旗手，他就是一个终日被疾病折磨的老先生。他们之间的交往让鲁迅觉得真正的放松，不需要故作姿态去维持一个巨匠的形象，终日的褒奖和夸赞可能使鲁迅觉得生活是虚无的，自己是不真实的，而萧红的出现可以让他回到现实生活中来，所以师徒二人的交流一定是很舒服的。

萧红对恩师也是推崇备至的，但是她不仅能崇拜他，更能理解他。她在崇拜老师的同时又渴望超越，这是一种为文学献身的勇气，这种超越恩师的理想当然也是鲁迅赋予萧红的。真正的文坛前辈拥有海纳百川的容人之心，他不会关注新人是男是女，也不问新人的籍贯出身，他看到的就只有初生牛犊不怕虎的勇气，那种不知天高地厚的倔强。

平静的日子很快就被打破了，日军开始进攻晋南，刚刚安定下来的人们又要接着撤离，民大方面说愿意留下来的作家可以随总校一同撤向晋西，不愿留下的可以到运城的民大分校。端木已经打算和丁玲一起去运城，萧红却踌躇起来，因为萧军不愿意和他们一起走，他决定留在这里打游击。萧军心意已决，任萧红如何劝阻也不能改变主意，萧红便说让端木和萧军一起留下来，两人可以互相照应，她也能放心。萧军有些愤怒，他说自己身体棒得很，到哪儿也不怕，不需要任何人来陪，说完转身便走了，只留下萧红一个人错愕不已。

讲武堂出身的萧军一直未曾放弃从军的理想。这些年来不断在文艺与军队之间纠结，成为一名作家固然是努力的结果，但在他看来更多的是偶然的因素，而坚守自幼的武侠理想才是必然道路。除了军旅情结之外，萧军应该是发觉了萧红与端木的微妙感情，他受不了“三人游”的奇怪关系。他甚至怀疑全天下的人都知道了，只有自己不知道，他备受屈辱，所以他要向萧红发怒，同时也是向端木蕻良示威，通过这种方式来宣示自己对萧红的主权。

但是萧军不断高呼的“从军宣言”似乎过于响亮，而响亮的很大原因在于要让萧红知晓，他是思想很强硬的人。若是真的要从军，此刻应该早就离开了，但是他没有。萧军在这局面里处于弱势，这是他不愿意看到和承认的，所以他要反击，哪怕只是语言上的反击。

萧红最大的渴望是有一个安静的环境供她写作，所以她还是想尽办法劝说萧军可以和自己一起走。萧红感念萧军当年对她的救助，也从未否认过萧军带给她的精神温暖，她宁愿一次次伤害自己也不愿意亲手打碎曾经患难与共的恩情。

深夜里，又传来二萧的争执声。萧红认为萧军这样优秀的人才在战争里白白牺牲了是没有任何价值的，他的牺牲不仅仅是他个人的损失。萧红甚至以她生命不会长久的理由来哀求萧军。萧军不为所动，他却认为人人生而平等，战场上死了也不一定是愚蠢的。为了争取解放，谁是应该被发展的人才，谁又应该去死呢？何况萧军坚信自己不会那么容易就死掉。两人争执不下，直到丁玲走进房间，二人才停止。

也许二萧之间的爱情已经没有从前那般热烈，他们之间的爱情在奔波逃难中早已化成了亲情和患难与共的战友情，甚至是文艺工作上的同志情。萧红已经成为一位性格独立的女作家了，她独自远去东京和北平，也有了属于自己的朋友，有了欣赏自己的端木蕻良。说出分手意愿的萧军也许是出于这样的考虑——他已经被端木代替，萧红已经不再需要他，也不再需要依靠他，总之是个没有任何保留价值的人了。

而萧红听到萧军的分手意愿后，也只是淡淡地说了一个“好”字。就这一个字，终止了二人的争执。萧红这一个字的背后，是揪心的灼痛。她是把爱情神圣化的女人，萧军曾是为她挡风遮雨的天神。当她发现天神的缺点后，神话就绝望地幻灭。萧军的欲望热烈而短暂，得到之后就渐渐消散，她在这种围困下成了囚徒。一次背叛，一次断裂，是可以给萧军一个伤痕，但是他有办法掩盖伤痕继续生活，分手后的他可以跟从前没什么区别。但萧红，断裂之后意味着被抛弃，被抛弃的女人在世人眼中就什么也不是，因为得不到异性的疼爱也就得不到同性的尊重，这在女作家身上体现得尤为明显。

渴望独立的女人面对感情的背叛后更加不幸，因为她们往往选择去斗争。

两人因为争吵彻夜未眠，第二天众人分别，萧军特意赶来车站送别萧红。他在路上买了两个梨子递给车窗内的萧红，萧红接了过去，似乎明白了萧军的意思，她也不再多说一句，只是双眼红肿。萧军的心隐隐阵痛，眼前的这个女人是和自己一同趟着苦海走过来的。“二萧”是一个整体，不可分割，现在却落得个劳燕分飞的结局。没有萧红，哪里会有萧军；没有萧军，也不会有这样的萧红。两人唇齿相依，谁也不能离开对方。萧军不忍再看脸色苍白的恋人，他急忙找到丁玲，也表明了他其实依然眷恋萧红，但是不愿意放弃打游击的机会，他拜托丁玲照顾体弱多病的萧红。丁玲也借此机会劝说他应该放弃打游击，担心他没有群众基础，对地形也不熟悉，于是写了一封推荐信给萧军，劝说他去五台，这样萧军的安全至少有保障，萧红也不至于终日担忧。

火车要开了，萧军还在月台上望着车窗里的萧红。聂绀弩走过来，两人谈了起来。萧军对聂绀弩说：“她单纯倔强，有才华，我爱她，但她不是妻子，更不是我的!”聂绀弩听此吃了一惊，萧军接着表明了只要再相见时萧红不首先提出分手，他绝不会先行抛弃她的态度。这一幕也被车里的很多人看在眼里，而端木对萧军的行为也有些反感，萧军这样前后不一的态度听起来受尽委屈，但好像又给以后的复合留下一个回旋的余地。端木隐约觉得萧红像极了一个物品，好像等着被萧军转手让给聂绀弩，他有些替萧红愤愤不平。这些男人看起来顶天立地，口中的话也饱含深情，言谈之中都是为萧红考虑，但是谁注意到了萧红的感受？谁又问过萧红的想法？想必这些“专制性”的爱意在萧红眼里只剩下捆绑，让她无法呼吸。

回到民大宿舍，萧军又有了落空的感觉，就像那年萧红去北平的夜晚一样。他整理了十几封信和《第三代》的手稿连同萧红落下的靴子一起打包寄给了丁玲，要她帮忙转交给萧红。其实在他说出分手那一刻的时候，他看到萧红平静的表情时是无比失望的，他多希望萧红能哭起来，不顾一切地大哭起来，但是萧红没有。

你从她身上踢落的砖瓦，她早就偷偷地盖起了一座坚硬的城堡。分离时只剩下礼貌和平静，瞬间转身绝不是瞬间的决定。萧红与萧军，这听起来如此相近，像是兄妹，像是战友，曾经亲密无间，以后再无关系。爱情一入深似海，从此萧郎是路人。

河不出图的红尘，历来是烟雨不由人，兵荒马乱的时代，谁又是谁的一生。

十四、西安——古城迷情三人行

与萧军在临汾告别后，萧红随丁玲来到了潼关。萧红心中有去延安的打算，萧军也和丁玲表达过类似的想法，丁玲也准备带着体弱多病的萧红一起去延安。不想萧红的延安之行被搁浅了，丁玲接到总部下达的命令，要求服务团不必回延安，直接去西安的八路军办事处报到。前往西安的路上，萧红与塞克不期而遇，两人都对彼此的名字早有耳闻，在战火中相遇也是文字缘分使然。一路上都是硝烟遍地的惨淡景象，萧红不免悲伤起来，丁玲看出了萧红情绪的低落，也注意到了车上其他人的愁苦表情，就提议同行的作家们可以集思广益创作一个剧本。内容最好是老百姓们在面对侵略者压迫的时候，站起来反抗的英勇故事，这样的剧本既能鼓舞战士们的士气也能安慰群众低落的心情。

作家们纷纷同意，大家就在火车上讨论起来，很快就描述出了剧本的大概轮廓。到达西安后，塞克负责整理剧本，取名为《突击》，由西北战地服务团来排演。时任中共副主席的周恩来不仅接见了丁玲、萧红等剧本创作人员，还和大家合影留念，并对他们的节目做出很高的评价。《突击》公演后，不出所料地，引发了不小的震动，全军士气高涨，群情激昂，更加坚定了与日军反抗到底的决心。可以说，萧红他们的剧本非常成功。

起初，萧红等作家和西北战地服务团住在梁府街“女子中学”，后来萧红还在西安八路军办事处设在通济南坊的招待所住过。在那里，萧红近距离地接触了更多的战士，他们有的只剩下一条腿，有的少了一只胳膊，但见到萧红还是脸上堆着笑意，这种纯净的笑容震动了萧红的心弦，尤其是当她看见那些女战士之后，她就更被这种视死如归的乐观精神所感染。她不由得想起了和萧军在哈尔滨的往事。

那时候没有钱租用旅馆的床铺被褥，躺在严冬的木板上也没觉得很冷；列巴面包蘸着盐，咸就多喝几大杯白水。不必要求承诺，没有海誓与山盟，前一秒还在信誓旦旦诉说如何忠贞，下一秒房顶就有可能被炸飞。以为你我会经受住时间的考验，所以很少去怀念从前的岁月，一路走来也是沟壑纵横、疮痍满目，不愿回忆，以后也不敢再回忆。

在西安，少了萧军的爱情捆绑，萧红每天与士兵们同吃同住，加上丁玲性格对她的影响，此时的她应该是充满斗志和创作热情的。虽说是无法真正快乐起来，但在硝烟四起的环境里，谁又能真正地快乐起来，只是萧红太不善于隐藏自己悲伤的表情。

她和他们没有相同的烦恼，也没有相同的快乐，只怨自己读了那么多的废纸，知道了四面环山之外的所在，永远都快乐不起来，也算是咎由自取。

丁玲要忙于服务团的工作，很多个荒凉寂寞的夜晚，萧红都是去找聂绀弩倾诉心事。聂绀弩对萧红说，希望她像大鹏鸟一样，张开翅膀飞向天空，要飞得高，能飞多高就飞多高。萧红便回应道：“你知道吗？我是个女性，女性的天空是低的，羽翼是稀薄的，身边的累赘又是笨重的！多么讨厌啊，女性有过多的自我牺牲精神，这算不上勇敢，是在长期无助的状态中养成的惰性。”萧红当然想不顾一切地去飞行，但是她还是觉得有一天会掉落下来。萧红与聂绀弩还讲到了萧军的事情，虽然很多人都心知肚明，但是听到萧红这个受害者亲自讲出来，聂绀弩还是很惊讶其中发生的细节。

两人边谈边走，萧红从身后拿来一个大约两尺长的小竹棍，说这是她在杭州买的，已经带在身边两年多了。萧红说，端木看到了小竹棍，就想要萧红送给他，可是萧红并不是很愿意，就打算放在箱子里，然后对端木说她已经送给了聂绀弩。

“端木让我送给他，我答应明天再说。明天我就放在箱子里，对他说送给你了，若是他问起，你就承认有这件事，行吗？”

聂绀弩心里闪过一丝疑虑，小竹棍难道象征着别的含义？端木这几天可是一有机会就和萧红走在一起，怕是要追求爱情处在空窗期的萧红了，这小子是要寻找机会钻空子吗？但聂绀弩来不及多想马上就同意了。

萧红经常对聂绀弩说端木的缺点，埋怨他胆小、势利，还喜欢装腔作势。其实聂绀弩未必会理解萧红这些“坏话”的真实含义，作为局外人，这些话更像是幸福的情话，类似一种打情骂俏的存在，这是一种幸福的抱怨。根据聂绀弩对端木的态度来看，他显然没有理解这些话的深层次含义，他是一个比较粗犷的男人，对于处在恋爱期小女孩的心思当然拿捏得不够到位，只是理解了字面意义上的“胆小鬼”。以萧红的性情，倘若真是反感对方的话，她不会这样三番五次地向不相干的人抱怨，她是把聂绀弩当成哥哥，才表现出小女孩的一面，也是侧面求得哥哥对她感情的认可。

聂绀弩邀请萧红一起去延安，但是萧红拒绝了，她推测萧军不会在延安，因为他心中一直有打游击的想法。3 月下旬，丁玲和聂绀弩启程前往延安，此前萧军的近况也传到了这边，但是萧红并没有很感兴趣。丁玲不在身边，萧红身边只剩下了端木蕻良一个人，两人有了更多的接触机会，一起吃饭，一起创作，一起去游览西安的古迹。

谈到这些古迹，没有人比端木更了解，他本是清华大学历史系毕业，游览古迹的时候，往往是端木给萧红做老师。端木最喜欢去的地方是碑林，萧红也喜欢书法，两人经常同往。他们面对名胜古迹，总是流连忘返，累了就地休息，饿了就在街边吃粉皮。萧红尤其喜欢吃粉皮，还要放上许多醋来提味，端木还笑称她是不是怀孕了。

端木的玩笑话成真了。

这是萧军的孩子，这个小生命真是来得不是时候。两人在一起生活六七年，萧红都没有怀孕，偏偏缘尽的时候怀孕了，老天真是喜欢捉弄萧红。

萧红发现自己怀孕后不久，萧军就随着丁玲和聂绀弩又回到了西安梁府街“女子中学”。萧红与端木一起在丁玲的房间里走出来，一眼就看见了灰头土脸的萧军，三人都表情茫然，气氛紧张到极点。端木赶忙上前拥抱了萧军，庆祝他归来，萧军的双眼却一直注视着那边的萧红，并且一句话都不说。

据萧军说：“不一会儿，萧红走了出来，走到了正在洗脸的萧军的身边。她比以前更瘦了，脸色也更苍白，带着强挤出来的笑容站立在脸盆旁边。

“‘三郎，我们永远地分开吧。’

“‘好。’”

站在萧军身边说出分手的时候，萧红如此决绝，不给萧军丝毫回旋的余地。老年的萧军回忆起这些的时候也表达了他的歉疚，他说他喜欢看萧红生气时的样子，觉得那很有趣，却不想那些话真的是伤到了萧红的心坎里，伤了她最在乎的自尊。

忘了什么时候就把萧红一个人丢进了大风里，他还不想放手，但萧红已经爱不起了。

据端木说，萧军到了西安，对萧红和端木说道：“萧红，你和端木结婚，我和丁玲结婚！”

“你这是什么话，你和谁结婚我管不着，我和谁结婚，还要你来下命令吗？”

端木怒应：“你也太狂妄了！你把我们当什么人了？”

萧军说：“我成全你们不好吗？瞧瞧你那副德行！”

端木站起来：“你想干什么？你怎么随便侮辱人！”

萧军说：“我今天就是要好好教训你这小子！”

"萧军，出去！有什么话我们出去说！"

聂绀弩和丁玲还是希望二萧能够复合的，他们不愿意看到萧红投入到端木蕻良的怀抱里，若真是发生这种事情，他们好像比萧军更有屈辱感，虽然他们知道萧红有这个自由。

大家认为二萧是一个整体，无论是文学还是生活，这两人都是不可分割的，分开了是对彼此的损害。而二萧对丁玲和聂绀弩都表明过自己依旧深爱对方的心迹，丁、聂两人也都是萧军的旧友，在思想倾向方面也比较一致，有意识地偏向萧军一些。

萧红认定的事情是没有人可以改变的，所以二萧终是一个劳燕分飞的结局。这场恋爱并没有所谓的第三者，因为此时的端木与萧红并没有向对方表白，也没有走到一起。萧军也知道自己快要做父亲了。他喜欢小孩子，希望萧红能跟他一起去延安把孩子生下来，若萧红还是决心离开，孩子可以由自己来抚养。但是一切都无可挽回了，萧红带着萧军的孩子永远地离开了萧军。

萧军是如此不甘心，毕竟在以往的情感交锋中，向来态度强硬的他可从来没有败下阵来过。他会提着木棍在端木的身后坐着，有时候酒气上头也会拉着端木去树林中决斗。他本来对丁玲有意，还不管不顾地单方面叫嚣要与丁玲结婚，奈何这也仅仅是他一厢情愿的想法，真是灰头土脸地去，灰头土脸地回，看见端木与萧红站在一起，他怒发冲冠。

房间内留下错愕的端木，端木已经意识到事情不可逆转，这时候他确实应该明确自己和萧红的关系，不然萧红会置于何地？端木感到深深的屈辱，虽然他和萧红志同道合，亲如姐弟，但是两人还没有到要结婚的程度。萧红难道是萧军不要的东西？他不要了就转手给自己，这也是对萧红极大的侮辱。端木听到二萧的争吵声更觉得烦躁，就把自己一个人关在屋里，足不出户。

萧军依旧是死缠烂打，追着萧红想谈心，萧红则态度冷漠。面对曾经挚爱的萧军，她一次次地忍让与原谅，一次次地退让与妥协，直到今天，萧红真的是再也无法承受这份"爱的厚重"了。她不得不用短促而颤抖的声音警告萧军若是他还尊重她，就请尊重端木蕻良，其他的就不要再谈了。萧军为了挽留萧红，一直跟着萧红。萧红知道萧军在身后，就拉上端木和自己一起走，她就是不给萧军任何单独接近她的机会。三人常常同时出现，这让旁边的朋友们也觉得尴尬不已，萧红想要回写给萧军的信，萧军自然不能应允，仗着自己力气大把信都抢了回来。

面对端木蕻良的“夺妻行为”，萧军不能容忍，他数次要与端木一决高下，被萧红劝阻。

“端木，我们去决斗！现在就去！”

“萧军，你不要耍野蛮，这里是八路军办事处，你还是把你那一套收起来，你要是弄死端木，我就弄死你！”

萧红斩钉截铁，萧军自知复合无望，无法在西安再待下去，于是去了兰州。萧军在兰州爱上了房东的女儿王德芬，火力全开，拼命追求，终于很快就结为夫妻。

端木经过左思右想，头脑中的想法渐渐清晰了就追出去寻萧红，表达了想娶萧红为妻的想法。萧红被这突如其来的表白惊到了，她没想到端木这么快就表明心迹，也没想到端木早就对她有意。两人都很惊讶，陷入了深深的茫然中。

在与端木的恋情中，萧红应该是先行喜欢上端木的，而端木对萧红这个大姐姐还处于有好感的阶段，即便是萧红与萧军吵架的时候，他愿意站在萧红一边也是出于道义。端木人际交往不够练达，性情也比较腼腆木讷，不善于表达感情，有时候像是软绵绵的贾宝玉，喜欢处在万花丛中，也很享受萧红对自己的照顾，但要承担起一个家庭的责任，对不满二十七岁的他而言，这实在是很重的任务。况且，萧红比自己名气大，也年长一些，体弱多病又怀了萧军的孩子，两人的结合要面对太多的压力了。但是绝不能丢下萧红一个人，而且端木是真的喜欢她，抛开所有的枷锁，他是真的喜欢这个人。

不管是否会结缘端木蕻良，反正是不可能再与萧军复合了。

想寻一个人，陪我踏过沟壑纵横的地图，穿着破破烂烂的衣服，都有自己的天地。想倒下就倒下，不用担心身后无人，你看我一眼，再看书中的文字，就这样循环往复，相看两不厌。

萧红换下了滴着鲜血的心，微笑着在墙角爬起来，她没有力气再思考爱情的意义。恰好老友池田幸子来信邀请萧红返回武汉与她相聚，萧红决定跟着感觉再走一次，所以与端木一起乘车返回了武汉。

这是自我牺牲的精神在作怪吗？若非你愿意，谁能真正伤害你。

十五、汉口——只愿君心似我心，定不负相思意

在与萧军的感情持久战中，萧红遭遇惨败，这是一个意料之中的结局。在童年中缺少父爱的女子总是在成年的时候遇到相同的困境，她带着期望去填补以往的缺憾，但往往会让这种期望落空。萧红对童年的惨淡记忆太刻骨铭心，她会不自觉地再次进入相同的模式，不自觉再去扮演她母亲的角色，这也许是个自我实现的预言。

萧军无疑是萧红文学创作道路上的引路人，这也难怪父权思想极重的他不愿意承认“学生”比自己更具有天赋。他给了惨不堪言的萧红一种飞翔的渴望，他是萧红生命中的一抹光彩。但是现实总是滑稽讽刺的，萧军这样能为恋人增光添彩的天神往往不能成为柴米油盐的现实生活中的最佳伴侣。而最终找到的那个可以托付终身的人，往往并不是极出彩的人，即使他最初看起来光彩夺目，但随着时间的推移和生活的打磨也会渐渐失去光彩，变为陪你白发的普通老人。

萧红初遇萧军的时候，并不成熟，对自己认识不够清晰，对爱的理解也模棱两可。患难与共的爱情可能不是在寻找理解与亲

近，而是寻找属于爱的慰藉和刺激。后来随着生活趋于安稳，无聊感、陌生感也随之而来，这时候处在热恋阶段的二萧就发生了心态上的改变。萧军想的是怎样制造新的刺激，让白开水一般的生活变得有趣；萧红想的是要让萧军理解她、尊重她。但这些，显然两人都无法满足对方的期待。

早在完成《突击》后，萧红似乎便有返回武汉的打算，再加上发生了与萧军的“分手风波”，萧红就更不想在这里继续生活下去，所以和端木坐上了返回武汉的火车。好像离开了这个地方，也就斩断了和萧军的一切。

火车缓缓开着，车窗外的风景和以往一样，座位上只有萧红与端木蕻良，两人含情地望着对方的眼睛。端木与萧红就这样心照不宣地在一起了，无疑是向所有人明确了两人的关系。

他们在车上憧憬着未来的新生活，但是萧红心里却依然压着一块石头，就是萧军的孩子。萧红说她打算到武汉后就刊登一条她与萧军分手的启事，但是端木不同意，原因是端木认为二萧本就不是正式的夫妻关系，而萧红不是普通人，没有必要给无聊的报纸增添新闻。萧红听到端木的分析也觉得有道理，但这个孩子，萧红是说什么也要拿掉。端木蕻良不知说什么好，向她表示他不在意这件事，既然接受了萧红，当然也就愿意接受她腹中的孩子。端木觉得孩子并没有任何过错，不该为这段失败的感情承担罪责，况且萧红身体不好，拿掉孩子会元气大伤。他还承诺孩子生下来就是他们二人的孩子，以后不会再让萧红给自己再生孩子。但是任凭端木如何说，萧红在这个问题上却态度明确，孩子毕竟是萧军的血脉，留下了就是无穷无尽的祸患，总之现在的她不想再和萧军产生半点关系。

两人下了火车就先去了胡风的家。胡风夫妇见到端木感觉很吃惊，看得出来他们不愿意接受这个事实。早在上海的时候，胡风就对端木蕻良存有偏见，关于这个偏见到底是基于什么产生，这个问题略显复杂，留待后一卷会详细叙述。总之，端木蕻良在这些作家之间处于十分奇怪的地位，无论是思想上还是家庭出身，甚至是文艺主张等诸多方面，端木都和其他人显得格格不入。现在"无名小卒"追到了鲁迅先生最为称赞的才女，其实不仅仅是胡风夫妇感到无奈，就连二萧的其他朋友们也都表示微微气愤，甚至很多人因为这件事，竟然与萧红渐渐疏远了。

萧红带着端木再次住进了小金龙巷 21 号。安顿下后，二人又来到胡风家谈天。萧红身后的端木略显尴尬，一个人站到蔷薇花丛边发呆，留萧红一个人和胡风夫妇喝茶。

胡风对萧红与端木的恋情表示诧异，他说："作为一个女人，你在精神上受到了屈辱，你有权这样做，这是你坚强的表现，我们作为朋友的为你能在精神上摆脱困境是感到高兴的。但你又何必这样快？冷静一下不更好吗？"

本来萧红内心里是极度希望得到胡风的祝福的，却不想遭到了对方的质疑，刚刚在上一段感情里输得片甲不留的她备受质疑，又在信任的朋友这里得不到支持，她的自尊心受到了伤害，而胡风等人的话语自然也传到了端木蕻良的耳朵里，端木自然也很不高兴。此后，萧红便与从前的朋友们渐渐疏离了。

端木蕻良自进入文坛后就受到周边作家朋友们的排挤，在上海的左翼文学阵营中，端木的创作理念与其他人相斥；而在西安的那段日子，因为创作风格过于自我和自由主义的"小资气质"，再加上萧红的朋友们都是萧军的旧友，大家很自然地对他反感。端木把"朋友妻不可欺"这个规矩打破得很彻底，本来不是第三者的他无端成了萧军旧友的集体攻击对象。

端木比萧红小一岁，二十一岁的时候就完成了自己的代表作。即使没有萧红名气的影响，端木蕻良也是可以名留现当代文学史的。萧红名义上是左翼文学阵营的作家，但却没有加入左联。另外对于作家群体里的男权意识还是有些反感的，即使成了作家后，萧红也并不自由。端木很早完成了代表作，而且家境殷实，经济比较独立，不用像萧红一样在一些问题上依附于他人，所以他是完全的自由之身，这种自由气质也吸引了萧红。

萧红不喜欢被任何东西捆绑，创作上也是如此。作家不是属于某个阶级，也不属于某些群体，作家面对的是“人类的愚昧”。她讨厌用急功近利的模式写作，不喜欢被人规定题目思想，她只想写自己喜欢的事情，但也不像张爱玲一样完全脱离大时代的主题。萧红已经不是初入文坛的悄吟，时代的产物是她写作的障碍，情感根植于生活，作家不是笔墨的工具，而是有着独立思想的先行者，不管社会是否承认这些。

在座谈会上的萧红也是不管不顾地说着自己的主张，她不会考虑一旁刻薄的眼神，管他三七二十一，管你是男是女，她就是要表达，争取表达的权利是她目前要做的。就连公开与端木的恋情也是她向父权社会“示威”的表现。

萧红在 1938 年 5 月上旬回到武汉。6 月，端木的三哥从浙江来武汉与女友刘国英举行订婚仪式。订婚仪式热闹非凡，亲朋好友欢聚一堂，虽然萧红因事外出未能参加，但是端木看了仪式的全程，内心受到震撼，他决定要给萧红一个正式的婚礼。

到了武汉后，萧红准备打掉腹中的孩子，于是去医院咨询。人工流产的费用是一百四十元钱，这简直是天价，出不起，也只好作罢。萧红找到蒋锡金，求他帮忙寻医生，可是锡金认识的医生就只有检疫官于浣非。萧红听说于浣非立刻表示了反对。于浣非也是萧军的旧友，简直是想断也断不得。虽然解除了和萧军的关系，但是她还是生活在萧军的阴影下，这让萧红很无奈。蒋锡金劝说萧红留下这个孩子，萧红虽百般不情愿但面对困境也只好放弃打胎。

端木向自己的三哥说起了他与萧红的恋情。三哥很不理解，他不明白为什么才华横溢且学业有成的幼弟要娶一个结过婚还怀着前夫孩子的女子。但是三哥也知道弟弟的性格，他认定的事情是九头牛也拉不回来的，也就不再反对。离开武汉之前，三哥还留下了一笔钱给端木结婚用。虽然三哥不反对，但端木母亲对幼子的婚事还是很重视的。大家为了婚礼能够顺利举办，就向她隐瞒了萧红的一些事情。

端木告诉萧红他要送她一个正式的婚礼，萧红听到这个消息先是很惊讶，紧接着是感动和喜悦。其实她已经有过一段无疾而终的感情，和半真不假的婚姻，但是婚礼，这还是生命中的第一次，萧红在端木这里感受到以往没有得到的尊重。作为一个女人，她自然很期待有一个属于自己的婚礼。烽烟乱世里，婚礼这个东西是可有可无，若是没有的话，她本也不是很在意的。现在暂时有这样的条件，而且端木也十分乐意，自己也就顺从了。她叮嘱端木，不要办得太铺张隆重就好。端木也想借这个婚礼向所有人宣布并明确他和萧红的夫妻关系，他觉得以往萧红遭到的始乱终弃，多半是因为没有婚姻的束缚。

婚礼的准备按部就班地进行着，婚礼预定在6月下旬举行。池田幸子送给萧红贵重的旗袍布料，但因为这是当年孙科送给她的，所以萧红接受了礼物却没有打算用它来做结婚礼服。萧红自己赶制了一件紫红色的连衣裙，买了一双黄色的高跟鞋。礼服的款式显得不中不西，经由端木三嫂刘国英的修改才把礼服的事情敲定了。端木的头发略长，他特地去理了发，定做了一套浅驼色的西装还配了一条红色领带。

萧红送给端木四颗红豆，这是南国的相思红豆，是还在上海时鲁迅夫妇送给她的。

红豆生南国，
春来发几枝。
愿君多采撷，
此物最相思。

虽然婚礼仪式略显简陋，参加婚礼的人员也就只有一桌人，但是该有的都有。司仪是胡风，证婚人是刘国英的父亲刘秀瑚，地点在汉口的大同酒家。夫妻二人的很多老朋友都没有参加婚礼，端木在武汉的亲友来的也不算很多，甚至担任证婚人的刘秀瑚在一开始听说了新人的事情也不愿意参加，后在刘国英的劝说下才同意。

“掏肝剖肺地说，我和端木蕻良没有什么罗曼蒂克的恋爱历史。是我在决定同三郎永远分开的时候才发现了端木蕻良。我对端木蕻良没有什么过高的希求，我只想过正常的老百姓式的夫妻生活。没有争吵，没有打闹，没有不忠，没有讥笑，有的只是互相谅解、爱护、体贴。”萧红说，“我深深感到，像我眼前这种状况（指有孕在身）的人，还要什么名分。可是端木却做了牺牲，就这一点我就感到十分满足了。”

据说这是在婚礼上萧红对大家说的一段话，这段广为流传的话语真的出自萧红之口吗？其实它完全是小说家言。

婚礼上的萧红也许是欣慰喜悦的，但是话中的“牺牲”“满足”“不忠”等词语，却听得局外人很是郁闷。她和端木的结合显然是顶着巨大的压力，世俗的舆论和亲朋好友的质疑，她再度把自己放进了谷底，再一次放下了姿态。似乎与端木的结合，也不是平等的婚姻关系，怀着身孕又身体羸弱、遭遇感情的惨败……这一切的一切还是没有给她任何选择，命运对她就是如此吝啬。

肚子越来越大，病也越来越多，武汉的时局又变得紧张起来，此地不宜久留。若是再逃，该逃去哪里，目前看来只有去重庆。

拼尽全力要看透人间，怎奈山高水长，一路茫然。战火纷飞的年代，周围都是麻木冷漠，又何必执着。

想象，真的是一个害人不浅的东西，战火中的痴男怨女本都是凡夫俗子。是想象，把他们的心上人都进行了艺术化的处理，高估了爱情，低估了现实。你我之间，云山雾罩时，就算是相隔千里，也愿意跃下去见到你。当山神把云雾吸走，千山也不是千山，美也不再是美了。

端木比自己小，是弟弟一样的存在。现在，萧红由“被拯救者”变成了“拯救者”，确切地说是“照顾者”。即便辛苦些，也算是体现女人的家庭主权。一切只愿君心似我心，定不负相思意。

十六、重庆——山城有意，儿女无情

曾有万千许诺的未婚夫只身远走，不愿让他在记忆里留下痕迹，来不及山盟海誓的恋人也不经意之间成了过客。端木与萧红一路走来，诺言显得多余，而无声的表白来得有些太迟。古城碑林处频频回首，终究不忍再次擦肩，不必许诺，就像是大同酒家新房内的雕花铜床，伴着淡淡的紫檀香，用力追回错过的疼爱与温情。萧红很不自然地牵起新郎的手，像是少女一般的羞涩，那是她错过的青春。两人都深情地注视着彼此，顶着潮水般的质疑声紧紧相拥，闭上双眼就像做了一场长长的梦，许久才回到现实。

牵起了端木的手，意味着真的要和过去彻底告别，有些稚气未脱的端木好像也在穿上西装的时候长大了。因为萧红怀有身孕，而且疾病不断，端木不允许萧红下厨房做饭给他吃，两人经常在饭店解决饮食问题。端木的新书《大地的海》不久前由上海文化艺术出版社出版，夫妻俩得到了新书的稿费，暂时是不用担心经济问题了。经济问题虽得到解决，武汉的时局却越来越紧张。日军在武汉保卫战开始的时候，就企图兵分两路进攻武汉。萧红身边的朋友们开始陆续撤离到其他城市，艾青前往湖南，胡风撤去了湖北，而一些朋友选择深入前线做起了战地记者。成为一名战地记者是端木蕻良自幼的理想，奈何健康状况不佳又患有风湿病，这个理想不得不搁浅。祖国的河山正在被日军侵略，战火已蔓延至身边。端木征得了萧红的同意，给《大公报》的主编王芸生写了信，表达了自己希望成为特约战地记者的想法。与此同时，端木的《为保卫大武汉而控诉》等战时文章也陆续发表。但由于战势不断扩大，《大公报》回复端木说暂时不需要增加记者，端木的理想再一次落空。武汉已成危城，萧红与端木计划前往重庆。

萧红拜托朋友罗烽帮忙买两张前往重庆的船票，因为重庆地理位置比较特殊，所以暂时没有受到战火的侵袭，难民们纷纷逃往重庆。去重庆的船变得一票难求，罗烽最终只找到一张船票。面对这种情况，端木提出可以把这张船票转让给其他需要的人，等找到两张船票之后再同萧红一起走。萧红却不同意，曾经有过逃难经历的她认为，船票紧张，既然得到一张，就应该赶紧先让一个人乘船到达安全之地。她觉得自己怀着身孕，万一发生突发状况也不方便，而重庆难民很多，她在重庆又没有旧友，房源肯定很紧张，若是她一个人先到重庆，就连住的地方都找不到，所以萧红坚持要端木先行。

其实除了自己的情况之外，她最担心的还是丈夫端木。她对端木再了解不过，端木的自理能力很差，习惯了被别人安排生活，应对突发事件的能力还不及她。萧红特别担心自己先行一步，端木一个人在战火纷飞的武汉会手足无措。她习惯了以姐姐的身份爱护端木，无论是婚前还是婚后，二人姐弟关系的相处模式并没有发生太大的改变。不过萧红也不反感，以往的她受够了萧军对她的“专制”，现在家中一切都是自己管理，倒掌握了一些主动权。比起那些毫无选择权利的“专制”生活，她更愿意承受这样充满尊严和话语权的劳累生活。

端木拗不过萧红，所以就和罗烽先行一步。他准备先到重庆打点好一切，再写信通知萧红过来。作家安娥表示她可以和萧红一起走，叫端木蕻良放心。女人之间不必避讳太多，这样也更方便，端木也就安心先走了。端木到达重庆后，重庆也是一片混乱，难民大量涌入让房源无比紧张，端木住在同学的单身宿舍，后来《文摘战时旬刊》请端木去办文艺栏，端木又住到《文摘战时旬刊》的单身职工宿舍。年底，孙寒冰来到重庆，任复旦大学教务长，他安排端木在复旦大学新闻系兼任教授。因为自己住的是单身宿舍，他又托亲戚帮萧红单独找了住所。

在重庆暂时安顿下来的端木万万没想到，田汉因为工作问题只得与安娥分离，安娥的计划临时有变，所以她自己一个人去了南方。这样一来，孕妇萧红就陷入了孤立无援的境地之中。炮火越来越近，端木蕻良走后，萧红拖着笨重的身子整理好了行李，去了汉口三教街的孔罗荪家。当时蒋锡金暂住在“文协”的临时办公室里，工作间狭小得只能容下一人，他看到大着肚子的萧红时，有些错愕。萧红一路奔波，实在劳累，显然无力支撑笨重的肚子，就把行李打翻在地上，整个人也瘫了下去。孔罗荪与蒋锡金等商议萧红的去留问题，也没有好办法，只好让萧红留下。萧红就在楼梯边打地铺，这也是没办法的办法。办公室门里门外，人员来往繁杂，人人几乎都是无处容身，疲惫不堪的孕妇萧红沦落到这般地步，让人看来实在揪心。

白天的时候，萧红就把席子搬到门外休息，挺着肚子，仰着身体继续写作。环境嘈杂，人来人往，异样的眼光，萧红哪里还顾及得了，她一门心思集中精力接着写她的文章。就在这种孤立无援的境地中，萧红硬是完成了将近八千余字的短篇小说《黄河》，紧接着《汾河的圆月》等文章也陆续完成。想必此时的萧红心境是接近崩溃的，端木不在身边，她也不知道丈夫的具体情况，不知道他安不安全。身边的朋友们大部分都已经离开武汉，剩下的人也是忙里忙外，无暇顾及其他，尤其是在生命安全根本得不到任何保障的此时。

蒋锡金问萧红为什么端木蕻良不带着她一起走，萧红仰着头说：“我干吗要他带？”其实萧红的意思是，端木都照顾不来自己呢，何况这种一个人的逃难她又不是没有经历过，渴望独立的她不需要拖累任何人。但是在外人看来，就不是这种情况了。胡风在听说端木一人先行后十分气愤，加上二人心存芥蒂已久，免不了抱怨。不过这件事情产生了罗生门，端木曾回忆当时周总理安排汽车去接曹靖华，要他打听和鲁迅相关的作家还有谁没有撤离武汉。曹靖华对武汉的情况不太熟悉，就跑去问胡风，胡风的回答是作家们都走了，所以本可以和曹靖华一起撤离的萧红失去了这次宝贵的机会。这段回忆是错误的，因为曹靖华去重庆是从陕西汉中走的。

时过境迁，记忆是一种深刻但又会“自动调节”的神奇存在，不知罗生门中发生的事件是否真的清晰真实。思念总会使记忆中的故人不断入梦，梦做得多了便旧了。只求脑海中的她是清晰的便好，至于她之外的其他，爱与恨、对与错都显得不再重要。

因为萧红情结端木后与旧友们渐渐疏远，其中的缘由不得而知，或许是有意，也可能是误会。还好，萧红得知了好友舒群也在武汉主编《战地》半月刊，她终于有了一个可以说话的人，所以在这段时间，萧红常常去看舒群。舒群是一个思想立场鲜明又坚定的人，他看见萧红的困窘就顺势劝说她去延安，但是萧红不愿意这样做。不想去的原因，和萧军等人无关。萧红一直认为创作从不属于哪个阶级，也不想从事模式化的写作，她骨子里依旧是叛逆倔强的。舒群与萧红在这个问题上争执不下，好在他了解萧红的性格，也就不再劝说。

武汉的夏季酷热难耐，与重庆不分伯仲。忙完工作的人总要喝一些祛暑的冰饮，大家都喊着要蒋锡金请客，锡金还没有反应过来，坐在席子上写作的萧红就大声喊了一句：“我请!”萧红拿出五元钱交给服务员并说就不要找回的零钱了，锡金说萧红不该花钱这样大手大脚得没个限度，萧红回应道：“反正是最后的钱，留着也没有用，花了痛快。”锡金跑到曹谷冰和黄洛峰那里帮萧红借了一些钱，让她留着去重庆的路上花。萧红倒是不愁这些，只和大家一起苦中作乐，有时候还可以喝上热咖啡。不管怎么样，人都要为一种理想而生活着，这是萧红的生活信念，她何时何地都不曾忘记过。

萧红还提出了要在重庆开一家文艺咖啡室的想法。她抽着烟靠在椅子上设想咖啡室的装潢设计，一定要有最文艺的气氛，作家们都太累了，需要这片刻的休息。要选择好的音乐，这样的地方才是最适合作家们休息的地方。她有些累了，甚至要睡着，在烟雾缭绕中双眼迷离，好像一眼就把命运望到了边。

此时身在重庆的端木坐立不安，他急得发疯一样每天都给萧红写信。到了 9 月，难民们都走得差不多了，萧红终于买到了前往重庆的船票。萧红一手提着行李，一手拿着未写完的书稿，肚子里还拖着孩子，费尽周折找到了船的位置，她的头一瞬间天旋地转，眼前一片漆黑，没有看见脚下的缆绳，就这么一跟头栽了下去。萧红看着肚子说："孩子啊孩子，你就跌出来吧，我实在是拖不起了，我一个人该怎样把你养大啊！"萧红躺在甲板上望着天空，此时已是深夜，望着一颗星星都没有的夜空，她好想再也起不来了，就这样陷落下去吧。混乱的人群里还是有好心的陌生人把她从甲板上扶了起来。就这样，将近走了十几天的水路才到达了重庆的朝天门码头。

对于这个孩子，萧红也许真的未曾考虑过现任的丈夫端木。当她注意孩子的时候，她十分清楚，能够护得孩子周全的恐怕只有她自己。因为端木毕竟不是孩子的亲生父亲，所以萧红也从来没想过用孩子的事情去拖累端木。

端木接到消息后马上去码头等船，辗转两天才接到了萧红。端木搀扶一路奔波的萧红先去了范士荣的家，这也就是端木给萧红找到的临时住所。初到范家的萧红，得到了范家一家人的热情接待。范太太一口一句"曹太太"地叫着，萧红听着好笑又很欣慰。这种称呼虽然是从属于丈夫端木，但是也代表着端木朋友对自己身份的一种认可。从前没有人称呼她"刘太太""汪太太"，现在这种叫法也算是让萧红有了难得的归属感吧。端木和萧红上巴县歌乐山玩，在云顶寺下租下了乡村建设招待所的一间房，两人住了进去。

真是让战火追着跑，重庆也面临危机，局势也是一片混乱。端木忙于主编刊物和教书，萧红提出去江津生产，因为罗烽的妻子白朗在那里。白朗已经做了母亲，而且罗烽的母亲也在，罗家人多可以帮忙照顾萧红。临近生产，萧红患上了产前抑郁，她极度苦闷，也没有从前健谈，面对白朗也是很难说一句话。本来就有胃病的她，在这种状态下就更吃不下食物了。

就这样苦闷地过了二十几天，萧红的第二个孩子出生了，是一名男婴，在江津的一家小医院产下的。孩子很像他的父亲萧军，看起来很是健康，白朗也终于松了一口气。不想过了三天以后，白朗竟然听说孩子去世了！她要向医生讨说法，却被萧红阻止了。罗烽知道后，赶忙寄信给端木蕻良，告诉他萧红生下了一子，现已去世。萧红出院之后，关于孩子的事情绝口不提，端木知道她的性情，为了避免点燃情绪的火药桶去揭萧红的伤疤，也不敢再问。

为了提供更加幽静的写作环境，同时考虑到萧红产后的身体恢复，端木找到了新的住处——巴县歌乐山上的云顶寺旁。住进新家的萧红赶快投入了创作，端木在复旦大学教书，萧红独自一人在家写作。歌乐山的环境还算清静，萧红就在这里写了很多回忆鲁迅先生的文章。不久后，好友池田幸子也来到了重庆，住在米花街绿川英子那里，池田幸子邀请萧红去米花街相聚，住了几天。

重庆是雾都，长期云雾缭绕，不见阳光。喜欢阳光的萧红倒是也慢慢适应了，毕竟比起战火，这些显得微不足道。歌乐山离端木工作的地方不是很近，端木工作任务又重，常常晚上回不了家，就住在菜园坝复旦大学分部。萧红只有一个人面对漫漫长夜，还好有文字为伴，看来文字才是对自己最钟情的"人"呢。

深夜里，空无一人的小巷，她只能把自己点燃，因为不想漆黑一片。不是抑郁，也不是孤冷，只是不想把自己放在无关的热闹里。饮酒、吸烟，落寞的夜晚，只有自己，即使伤害了自己的身体，也不觉得可惜，至少有了痕迹。

总会想起那晚搀扶自己的陌生人，他也是难民。依旧相信满目疮痍的山河，流淌着坚定；也依旧相信凉薄的男男女女，保有一份看不见的纯情。不知道重庆还能挨多久，落花有意任水流。她多想安定下来，满身的病痛几乎要吞噬掉她的躯体。不如尽情吞噬吧，损害的也只是毫无价值的躯壳，不是几年前就在哈尔滨冻死了吗？放过我的灵魂，让它独自远走。

只愿世间无苦难，何妨案台书满尘。

十七、北碚——烽烟似火，被遗忘的人是我

自由，是她梦寐以求的，苦难可以为它让路。在“母爱”这个词语面前，萧红瞬间失去了勇气。朝不保夕的年月里，当初险些跌出来的孩子还是逃不过属于他的注定。白朗在回忆录中表达的质疑虽然不无道理，但不难看出，萧红对孩童们有着无限的热爱。一个对毫无血缘关系的孤儿都能抱以疼爱之心的女子，若是让她背上弃子甚至是杀子的污秽之名，而且这些话竟然大部分出自于她的朋友之口，这真是无限的悲凉。萧红最依赖、最重视的朋友们，都不能对她完全信任，难怪她会那么忧郁孤独。

萧红从江津回到歌乐山后，端木不敢再问关于孩子的事情，而萧红也只字未提。孩子来得不合时宜，去得也不合时宜，若是说女儿下落不明是万般无奈，儿子的悲剧则更是给了萧红最沉重的打击。其实萧红心里很矛盾，正是母性泛滥的年纪，她却没有机会去寄托母爱情怀。繁重的写作任务和极端独立的思想，使她对成为一名母亲有着本能的反感。她是反对女人的“天然使命”的，这在《生死场》中的几处描写就可见一斑。她希望女人的生育可以服从自己的意愿，妻子不是丈夫的依附品。而生育，萧红

是既渴望又畏惧的。

一方面，她希望通过抚育下一代来实现她成为母亲的愿望，她要把自己不够完整的母爱加以放大，然后双倍还给她的孩子；另一方面，她不愿意承担社会赋予母亲的沉重枷锁和强大压力，而且她此时的身体状况和所处的战乱局势也不允许她有再生育的想法。孩子很像萧军，这完全像是萧红身体里演绎的一出闹剧。孩子丰富了她的生活，但是又要占领她身体的一部分，孩子的存在让女人不免感到骄傲，孕期的不良反应又不断折磨她的病体。对于萧红来说，《商市街》和《生死场》都算是她的“孩子”，但她生下的孩子却不是“孩子”。

端木为教学和编刊物四处奔波，萧红产后恢复得并不好，端木也担心起来。端木每天早出晚归，一般上午在复旦大学新闻系教书，下午就照例到杂志社编写刊物，一天之中要往返于沙坪坝、歌乐山及北碚三地，本来患有严重风湿病的他感到疲惫不堪。有时候晚了回不去，端木就住在菜园坝。后来发生了几次翻船事件，萧红知道后就严令禁止端木乘船往返，但是这样下去也不是长久之计。端木又找到了孙寒冰，孙寒冰答应帮夫妻俩重新寻找新住处，最好是距离端木工作的地方近一些。

屋漏偏逢连夜雨，本来就经常孤身一人居住的萧红又遭遇鼠患。大大小小的老鼠和各种奇形怪状的昆虫开始出现在房间内，萧红自幼长于北方，没有见过拳头般大小的蜘蛛和居然会飞的蟑螂，这些生物弄得她精神焦虑，夜里辗转反侧，彻夜难眠。她害怕那些昆虫会在睡觉的时候爬到她的耳朵里去，她的神经衰弱变得更加严重了。每天睡前萧红都会把被褥从头至尾检查一遍，好不容易端木可以赶回家中陪她，她在夜里看见老鼠时的惊叫声也会把端木弄得惊慌失措。端木觉得长此以往，萧红脆弱的神经会受不了，所以他在没找到下一个住所之前，会在周末经常陪着萧红一起去保育院。保育院里有流离失所的孤儿，萧红与孩子们相处得很愉快，她的精神也得到了一些放松。

1938 年的 12 月末，塔斯社重庆分社的记者罗果夫向萧红发出了采访的邀请，采访内容大概是鲁迅先生生前的一些事迹。听到是采访鲁迅先生的事情，萧红欣然同意前往，刚生产完的萧红由端木陪同接受了这次采访。

因为鲁迅先生逝世三周年即将到了，很多与鲁迅有关的作家和社会各界的文艺工作者们都开始积极准备。许广平给萧红寄信，要她收集一些有关鲁迅的文章资料和新闻报道，因为萧红当时产期临近，体力有限，所以没有完成这些准备工作，再加上恩师去世之后，萧红一直内疚不已，觉得自己没有为先生做一些该做的事情，所以身体稍有好转之后，她就投入了整理恩师生前相关资料的工作。

重庆常年雾气缭绕，虽然潮湿不见阳光，但是这样的自然条件在战乱时候却恰恰成了暂时抵挡日军炮火的天然屏障。转眼间5月将至，嘉陵江进入梅雨季节，雾期过了，日军一定不会放过轰炸的机会。果然，1939年5月3日到5月4日，日军集中对重庆市中心进行轰炸。数架敌机盘旋在空中投弹，熊熊大火整整烧了两天。死难人数多达五千余人，火势依旧蔓延，空中飘散着血腥味和尸体燃烧的焦肉味，标志性建筑物基本变成了废墟一片。轰炸当天，萧红与端木在歌乐山上，歌乐山地势较为高耸，而且丛林茂密，不是日军的空袭目标，萧红侥幸躲过了一劫。

大概过了一个星期，萧红在端木的陪同下来到了被日军轰炸后的市中心。市中心的景象惨不忍睹，萧红目睹一切，她的心在滴血，她的手瑟瑟发抖，脸色在硝烟的映衬下更加惨白。萧红甚至感觉到她的心脏已经上升到了喉咙，几乎就要跳出来了。她的双手紧握，已经被握得没有力气。她抓住端木的手臂，端木感觉到妻子的手微微颤抖。萧红不能无动于衷，她一返回家就提笔写下了《放火者》，用她的笔来控诉日军的卑劣罪行。看到轰炸惨相的萧红变得比以前还更脆弱无力，一连几天她都无法从那一幕中走出来。她经常两眼发直地望着桌子上那一沓沓稿纸，“人之初，性本善”的理念开始动摇，她的理想、她的信念面临着崩塌的危险。

她没办法像其他人一样忙着生，忙着死，她在寻找解除苦难的方法，虽然她还没有找到。也许她来不及找到，但她还是愿意相信会有更多的“萧红”一起去寻找，总有一天会实现这个理想，无论自己是否可以亲眼看到。

出于安全起见，菜园坝复旦大学分部迁回了北碚黄桷镇，萧红和端木蕻良也来到了北碚，孙寒冰给他们在复旦大学苗圃找了房，安排他们住下，这里位于东阳镇下坝，离黄桷镇有一里多路。

二人搬到新居后，孙寒冰知道端木的夫人是萧红先生，便与贾开基一起前来探望萧红，并提出希望萧红也去复旦大学教书的想法，没想到萧红听到后不假思索便回绝了。

萧红这样“不留情面”让丈夫端木和孙贾二人好不尴尬，其实教书是很累的事情，既要教书，又要维持教师的风度，这让萧红感到无力承受。除了创作之外，萧红对其他事情并不在意，她是一个虔诚的文字信徒，而且她的病实在是太多了，虽然每个都不是危及生命的疾病，但是这些小病加到一起就会终日折磨她。现在做一个安安静静的教授夫人也蛮好的，两耳不闻窗外事，只需要把自己放在房间里就够了，笔动起来也就顾及不了其他繁杂的事务。

与文字有关的人，并且能完美驾驭文字天赋的人都好像是另一个世界的通灵者，萧红隐约预测到了一些不祥的信息，虽然她还不知道那具体是什么，但是她明显感觉得到她对与她之外的事物的热情在悄悄减少。越来越厌恶居住地以外的事情，对除创作以外的事情不愿多谈一句，那些如火如荼的运动风起云涌，也没有从前那般热衷。不是我老了，是我病了，真的病了。想把最后的力气奉献给笔墨，把最后一滴鲜血滴落在砚台里，让血同墨化在一起。

萧红近来过分的安静也让端木担忧，妻子已经很少表现过“江湖侠士”的一面了，他想着若是带着她参加一些文艺活动会不会好一些呢？萧红也有“自救”的愿望，所以在北碚居住的日子里也出席了类似“三峡区文协同人聚谈会”这样的活动，有时心情好转时会应邀出席“火焰山文艺社”举办的创作活动。

萧红的肺病再次发作，她变得比从前更瘦，背也不比从前挺直，她很少出门了。若是有事外出也是走得很快，似乎不想让路人看她一样，她时常穿着暗色的旗袍长裙，外面再套上黑色的大衣，虽然不比其他教授家眷俏丽，但是却有着独一无二的才女风韵。一来一回都是散发着书香气，不认识她的人还以为她是复旦大学的学生，但是看那瘦弱的身形又不像是青春活力的学生。

她比从前还重视写作，不愿放掉一丝一毫的光阴，埋头伏案又成了常态。1939 年 9 月，萧红的散文《鲁迅先生生活散记——为纪念鲁迅先生三周年祭而作》终于完稿，而后以连载的形式出现在新加坡《星洲日报》的副刊上。紧接着，《记忆中的鲁迅先生》《记我们的导师——鲁迅先生的生活片段》《鲁迅先生生活散记》等回忆性散文刊登于各处报纸杂志。当《回忆鲁迅先生》整书完结后，出于对许广平的尊重，也为了保有传记类写作的严谨性，萧红将全部书稿寄给了上海的许广平，请许先生评定指正。

《回忆鲁迅先生》一书问世后，它带给文坛一个新的震动，影响力不亚于当年的成名作《生死场》。《回忆鲁迅先生》以“万绿丛中一点红”的姿态亮相于读者的面前，书中没有刻意的歌功颂德，也避开了众人对鲁迅的普遍观点，是第一部描写“平凡人”鲁迅的回忆性散文集。通过这部书，世人看见了一个更加真实、更加生活化的和蔼导师形象。看了萧红的回忆，众人才知道了神坛之下的鲁迅是怎样的生活状态，先生不是一直严肃且不苟言笑的学究，他会笑，而且笑得很爽朗，很有穿透力，他的笑声会回荡在周宅的楼上与楼下。他还是一位慈父，会捡起儿子吐在饭桌上的肉丸，亲自尝试来验证食物是否像儿子说的那样不新鲜。《回忆鲁迅先生》让神坛上的文坛巨匠走向大众，让鲁迅的形象更具亲和力也更加受人尊敬。

这便是萧红独有的笔调，她的文字在那个时代一直特立独行，她会绕开大家都能看见的事物，而转而关注众人易忽视的，甚至是不愿提及的事物，这些事物在她的极力渲染下，自会变得深入人心，温情涌动。

萧红呕心沥血，费尽周折地完成了这部《回忆鲁迅先生》。作品的反响让她感到欣慰，她卸下了精神上的负担，终于可以为恩师做一件有意义的事。但是短暂的安宁期又被日军的炮火给破坏掉了，日军频繁地对重庆及其周围地区进行轰炸，虽然还没有轰炸北碚，但日军飞机经常飞过北碚，警报声时时响起，警报响起就要不顾一切逃向防空洞，众人被折磨得狼狈不堪。

萧红的肺病越发严重，她的咳嗽和警报声一样昼夜不停，她又开始发烧，端木借来体温计为她测量，发现一直高于正常体温，萧红不听劝告，她不肯用药，还告诉端木她的身体状况始终如此，她并不觉得有什么大碍。萧红以为这次的肺病可能和之前是一样的，折腾一段就会好转，另外这么多年的颠沛流离，她把疾病看得已经不太重了，还是寻一个安静的地方写长篇要紧。

终日的不定时轰炸，警报长鸣，萧红的精神状态即将到达崩溃的边缘，为了疗养身体接着写长篇，端木和萧红计划离开重庆。那么去哪呢？端木的想法是前往桂林，因为桂林暂时安全，而且还有很多文艺界的老友。萧红则打算前往香港，因为她认为桂林也危在旦夕，日军一直在西南地区轰炸，桂林也会受到袭击。除此之外恐怕还有一个原因，萧红受够了老友们的“阴影”，自离开武汉后，她总是想着如何和过去斩断，如何在萧军的朋友圈子中“突围”出去。她太压抑了，周围的一切都像是萧军打造的铁笼，这与“福昌号”屯的阴暗房间没什么差别，难道就不能做一次命运的主吗？

一切都来不及准备，也不需要和谁告别，两人阴差阳错地购得 1 月 17 日的机票，甚至来不及返回北碚的宿舍，就这样两手空空上了前往香港的飞机。

就让朋友们把我遗忘，让战火把我遗忘。谁说我只能跟着丈夫走，谁说我只能跟着男人走，我是如此悲凉孤寂。熟悉的陌生人们其实从未了解过萧红，他们习惯了从萧军的视角审视萧红，他们甚至没有把萧红看作一个独立的个体。端木一个人先行到达重庆就说萧红是被丈夫抛下的妻子，她拖着病体前往香港就说她是被端木强行带走的物品。为什么她总要被人修饰成别人的附庸，难道她自己没有思想吗？难道她自己没有选择吗？

难怪总是要在云雾里凝视“文学洛神”，萧红不了解自己，她的朋友们也从未真正读懂过她。

十八、香港——年少听雨登西楼，离合悲欢总无情

萧红和端木在 1940 年的 1 月 17 日到达香港九龙的启德机场，这次的匆忙动身他们只告诉了少数朋友，大部分朋友都是在他们走后才知道他们离开重庆了，所以很多朋友对于二人的不告而别感到不解。

友人眼中的萧红一向是脆弱而无主见的，他们对于萧红离开内地的行为感到疑惑，他们觉得内地此时正遭受侵略者的炮火袭击，萧红作为一个时刻关心大众疾苦的作家不该去香港“避难”，一个终日在战火下艰难度日的悲悯女子怎么会放弃用手中的笔去打击侵略者呢？萧红常年被疾病困扰，百病缠身的弱女子形象是友人眼中的固定印象，可能友人觉得萧红到底是年轻人，年轻人往往不会去考虑死亡的问题，萧红只是体质羸弱罢了，而且她也没怎么向别人谈及她的病情。大张旗鼓地宣称往往都是旁观者，而默默忍受的人却总是悄无声息，当他们选择自揭伤疤的时候也并不是博取众人的同情，或者是渴望围观者的感同身受。和不堪回首坦诚相见的时候，就是苦难者人生的终结。

萧红当然不会到处诉说自己的疾病是如何将她折磨得痛不欲

生的，因为有些疾病也实在是难以宣之于口，况且她本来就是个习惯于独自消化内心煎熬情绪的倔强女子。这些“朋友”对于萧红来说是一个复杂矛盾的存在，他们绝大部分是萧军的老友，萧红在内心是十分抵触与萧军的老友继续相处的，但是因为萧红本人的原因，身为体弱多病的女子遇上连年不断的战火，萧红又不得不依靠这些朋友们解决生活中的问题。她感激这些人，同时也因为不断接受他们的恩惠而感到压抑，就像从前的萧军一样，想放下又放不下，急于摆脱又逃不掉，挣不脱，走不成。

萧红在这些老友们之间找不到独立的人格，也无法以独立者的身份与他们融合在一起，友人们的思想境界太重了，是钢铁般的重量，萧红在这些无懈可击且不容辩驳的思想下苟延残喘，她找不到个人的自由。朋友们永远都会带着萧军的眼光望着萧红，萧红首先是萧军的妻子，然后才是悄吟，最后才是萧红。这些认知正是萧红最反感的地方，这也是为什么萧红宁可疏远所有的朋友们而去情结端木蕻良的原因之一。萧红选择端木蕻良的行为几乎让所有的人都脸上无光，因为端木的胜利不仅仅代表着萧军的情逝，也是代表着鲁迅先生的失败，更是代表着小资主义和自由风格的胜利。在他们看来萧红像是一个物品，她可以继续和萧军生活，可以喜欢舒群，可以依恋聂绀弩，只要萧红还在他们的圈子中转来转去就是思想上的胜利，萧红完全是一个透明人，她的选择，她的小心思，周围的人都要一览无余，这好像是不成文的规矩。

登机之前的萧红想到这些，感到深深的恐惧，没有向友人透露一丝前往香港的信息可能也是她不顾一切地向自由靠近的行为。为什么一定要通知每个人，去哪里是我个人的选择，为什么一定要征得所有人的同意。就是要逃离关于萧军的一切，去香港也是自救行为，可以肯定的是端木和萧红的香港之行是萧红的主张，萧红在这场争论中以压倒性的优势说服了丈夫端木蕻良。而她的优势自然是源于端木对她的爱和尊重，还有她一日不如一日的健康状况，当然端木的性格也是不善于做决定，他和萧红的婚姻中，他是那个追随者。

认识萧红的人臆想着二人香港之行的场景，定是胆小如鼠的端木蕻良拉着毫无主见的病萧红一起走的，萧红没有选择。这些类似的话看似是为了体谅萧红，其实这些观念正是对萧红的极大侮辱，原来众人眼中的萧红就是这样毫无主见吗？她就不能做一个主导者吗？思念萧红的人把矛头对准了端木，讨厌萧红的人也把矛头对准了端木，因为讨伐一个病秧子好像看起来太不近人情。

若是真的尊重萧红，就会知道萧红选择端木并不是赌气行为，也不是进退两难中随随便便找了一个依靠，她和端木的感情完全是基于尊重和平等，相比较前两段恋情，萧红与端木的结合更接近萧红向往的自由主义。

萧红的不告而别引起了朋友们的激烈反应，胡风更是在给艾青的信中写道："汪精卫到了香港，端木也到了香港。"把端木与汪精卫并列在一起，并在公开发表的文章中同时出现，作者想表达的意思不言而喻。汪是什么人，所有人再清楚不过，这无疑是想把更多的口诛笔伐引到端木的身上。虽然类似的言论中未提及萧红的名字，但这更让萧红愤怒，比祸及自己更加愤怒，此时她和端木是夫妻，是一个整体，侮辱丈夫就是侮辱自己。

萧红很生气，但她还是不会以最大的恶意揣测故人，她想他们大概也不是存心诬陷，但是这样的话讲出来也是损人不利己的。萧红在寄给华岗的信中表达了对胡风的不满，言语之间显示出她少有的锋利，这似乎在说："何必诬陷端木，有什么就冲我来"，她始终是爱护端木的"姐姐"，这个身份从未改变。不过这样也好，与胡风等人关系的淡化就意味着与萧军彻底斩断，友人都成了故人，天下没有不散的筵席，现在的散场，萧红感到难得的轻松。

初到香港时，萧红与端木租住在九龙纳士佛台的一个楼房里，这里空间较大，采光也好，很利于萧红心情的恢复，安顿下来后，端木着手编辑大时代书局的"文艺丛书"。香港的文化界很欣赏这对年轻有为的才子佳人为他们举行了欢迎会，萧红还结识了新的朋友，诗人戴望舒与他的妻子穆丽娟。居住一段时间后，为了便于工作与创作，他们又搬到了尖沙咀乐道大时代书局的隔壁。

香港的环境很好，没有战争，也没有人际交往中的纠结。这里有漫山遍野的鲜花和清脆的鸟鸣，有蓝里透白的海潮，站在窗前很让人沉醉。可以说是很奢侈的惬意，这种轻松自在的氛围也不能让萧红完全放松，她还是终日忧郁，想必她就是一个在忧郁中浸泡的女人。端木的工作很忙，日常交际应酬繁多，他忙于写作和编辑书籍，每天都是在萧红没有醒来的时候就出去了，在萧红休息之后才回来。不知道为什么最近很容易疲劳，很容易入睡，却很难醒过来。

春夏之交的午后，萧红一个人坐在写字桌旁，她写着写着很想入睡，但是她提醒自己这静谧的时光是如此奢侈，她不该用睡眠度过，那样实在是一种辜负生命的行为。她还是觉得疲惫不堪，头靠在手臂上，她想交流，迫切地想沟通，随即看了一眼在墙角处的帮佣阿姨在用粤语自言自语。她抬头凝视对面的桌子，那是端木的办公桌，她已经很久没有看见端木翻资料的身影，摊开的书都显得那么寂寞。萧红忍不住打盹，她又睡着了。

萧红在港期间的创作不曾停止，这一年，她的《旷野的呼喊》《萧红散文》《回忆鲁迅先生》陆续出版发行。紧接着又开始长篇小说《马伯乐》的写作，《马伯乐》的写作可以看作是萧红的率真而为，字里行间发现了萧红难得的幽默语气，似乎避开了所有当下的文艺主张。语调中不再是直接的疼痛，而是以暗流中的隐痛代替，萧红很显然超出了同期作家的阶级视野，她的眼界变得更广阔，她思考的东西不断增多，她已经不再是时代的产品，而是特立独行的思想者。

在香港的日子是少有的安静，寻一个安静的地方进行创作一直是萧红的心之所向，但是来自内地的噩耗不断带给她一个接一个的精神打击。日军轰炸了北碚，复旦大学也被猛烈轰炸，孙寒冰已经不幸遇难，很多人都受了重伤。萧红和端木悲痛不已，二人商议着何时返回内地，华岗的来信又让萧红陷入纠结的境地。华岗认为日军的下一个目标很有可能就是香港，重庆现在依然是一座危城，萧红若是回去还是会受到身心的双重折磨。

《马伯乐》第一部完成后，萧红又病得卧床许久，回重庆的事情也不得不耽搁下来，此时端木的工作与社会活动相对减少，萧红向端木说了未来的创作计划，她准备写一部故乡的恋歌，夫妻俩经过讨论，最终决定听从端木的建议，把书的名字定为《呼兰河传》。来到香港后，萧红病得更加频繁，她也很容易疲劳，似睡非睡的时候总想起记忆中的童年，想起和蔼的祖父，想起有关呼兰县城的点点滴滴。

童年时期的记忆总是如此深刻，少年情事老来悲，很多不经意间的细节就可以让萧红悲从中来，这些细小的回忆可以让她不停地写下去。好的坏的大概是再也回不去，因为再也回不去，就连那些不愿回忆的人与物都清晰起来，都被萧红融入了山川草木里。

无情的人间，冰冷的我。不知道是不是时光变短了，抑或是自己变老了，回忆那么慢，走得那么轻。你太淘气了，竟弃这千里沃野的三月小城而不顾，远走高飞。想飞就飞，忘了自己没有脚，飞离之时是一片春意盎然的热带雨林，飞回的时候是四下无人的冰雪世纪。你睡在冰天雪地中的场景会是绝美的。

房间内的萧红每天的任务只有两件事，写作和活着。病几天再写几天，早晨睁开眼从床铺移动到写字桌，深夜再从写字桌移动到床铺，就这样不断循环往复，习惯了流离失所和忍受饥饿，现在这样的重复模式，萧红倒也不觉得过于乏味，身体是病了，心还是可以在文字中继续飞翔的。

好多事情可以中断，唯独写作不可以，写作仿佛被套上了宗教的思想，萧红这个虔诚的教徒不能违抗上帝定下的规则，否则那将是无穷无尽的灾难。若是问谁可以让萧红暂时放下笔墨，答案不是萧军，也不是端木，更不是昼夜不歇的病魔，答案是恩师鲁迅先生。

鲁迅的生日是农历八月初三，文化界决定在公历 8 月 3 日纪念鲁迅六十诞辰。有关于鲁迅先生的事情，历来是社会各界很是看重的大事，所以在此之前，很多文艺界的朋友就纷纷寄信给许广平先生，希望能够征得许先生的同意，开展关于纪念鲁迅先生的活动。香港文艺界也纷纷倡议开展纪念鲁迅先生的文艺活动，端木蕻良在积极协调活动的期间，陆续发表了《论鲁迅》《略论民族魂鲁迅》等文章，此外香港文协负责文艺宣传的理事杨刚，诗人戴望舒等人也纷纷出力。杨刚找到萧红，她提议让萧红写一部关于鲁迅的舞台剧剧本，原因是萧红是鲁迅生前最为看重的女学生，也是先生的骄傲，而且萧红在上海期间还与先生有过近距离的接触，只有萧红才能还原出最真实的鲁迅先生。萧红听到提议后，还是像拒绝出任复旦大学教授的想法一样拒绝了杨刚的建议。萧红给出的理由是一个简简单单的舞台剧不足以承载起鲁迅先生浩如烟海的一生，况且用文艺形式纪念先生是一件极其严肃的事情，舞台剧的剧本需要作者个人情感的融入和更多的气氛渲染，这样呈现出的先生必然有所失真。萧红还说她没有写过剧本，恐怕是难以胜任这种对她而言是一种新的艺术形式的事物，而丈夫端木有过话剧剧本的写作经验，而且在南开的时候还有过实战经历，若是和丈夫合作呈现出一个完美的剧本倒是可以考虑。端木蕻良对鲁迅先生的个人精神还是有着比较细致的了解的，再加上萧红的润色，他也表示可以接受这个任务。

被疾病折磨的萧红欣然接受这些任务的原因不仅仅是出于对恩师的怀念，还有一些其他的原因。萧红知道祖国正是危急存亡之际，苦难中的民众在终日忍受侵略者的残忍蹂躏，很多文艺界的朋友们虽然悲痛踌躇，但是显然失去了方向陷入迷茫，她希望鲁迅先生的纪念活动可以不断扩大，这样不仅可以用“民族魂”的精神感染身边的文艺界的朋友们，而且可以借鲁迅先生在民间的影响力去唤醒新的反抗意识，从而使得民众们更加团结。

萧红历来被视为鲁迅先生精神的传承者和发扬者，纪念会上她穿一身黑色的旗袍，报告了鲁迅先生的传略，她的声音还是那么虚弱，站在台上更显得瘦高，尽管头昏目眩，萧红还是尽力喊出自己最大的声音。她的文辞虽不是精致华丽，但是却亲切感人，平实的语言铿锵有力。

1940 年 10 月 19 日，萧红受邀出席鲁迅逝世四周年纪念会。

虽然最近出席了很多社会活动，萧红却不觉得多么劳累，甚至感觉比平时更舒心一些。经过一年来的适应，萧红已经克服了水土不服的困扰，也通过文艺活动结识了新的朋友，这些朋友的思想和生活方式给萧红带来全新的感受。端木的活动也在有意地减少，夫妻二人探讨文学的热情不比在西安的时候低。平心而论，萧红喜欢这种平等交流的状态，她和端木的创作风格本就十分接近，两人在表达想法的时候也不会去打压另一个人的主张，在他们二人的观念里从没有谁优谁劣，只要是自己想写的总会写出意想不到的惊喜。他们不去考虑当下读者的喜好，也不会关注统一的创作风格，写自己最擅长的，写自己最热爱的，这才是真情实感的流露，这样的感受是不会受到岁月的磨刻的，那才是一个成熟作家的精神追求。

皖南事变随即爆发，萧红又紧张起来，这不仅又是一次生灵涂炭，而且事关参军的弟弟张秀珂的人身安全。她远在香港却什么也不能做，只好将焦虑情绪寄托给终日陪伴她的文字。萧红时刻惦念故乡，这在短篇小说《北中国》中便可以找到蛛丝马迹。山河破碎的时候，谁没有悲剧，这不仅仅是她一个人的苦难，更是在那片土地上生活的所有人的苦难。心地善良的萧红在创作《北中国》的时候隐约流露出对父亲张廷举的微微同情，弟弟是父亲唯一的传人，历来在父亲心中占据着重要的位置，弟弟参军生死未卜，必定会给张廷举沉重的打击。张廷举也成了战争蹂躏下的普通父亲，他也有孩子，也有心痛。颇有学识的父亲面对日军的无耻行径肯定不会袖手旁观，他会选择牺牲掉一些东西。战火蔓延的非常时期，可能没有真正慈善的人了，当然也不存在真正恶毒的人了，因为都不重要了。

随着战事不断扩大，很多人都从重庆、桂林等地前往香港，作家夏衍和范长江等人纷纷入港。

此时萧红与端木已从原住址搬到了乐道八号的二楼，这里很狭小，除了写字台和一张双人床之外便没有其他家具了。萧红的病还是时好时坏，她没有精力料理繁杂的家务，所以夫妻俩请了小时工收拾房间，平日就在小饭馆解决饮食。

莫名其妙的发烧又来了，萧红一直不以为然地拖着。端木让她去看医生，萧红却不肯，两人僵持不下还发生了几次争吵。身体的疼痛还是逼着萧红不得不去医院做了检查，她被查出患有胆囊炎。

史沫特莱从桂林乘机刚刚抵港不久，住在离乐道不远的半岛酒店，因为一些激进的言论引起了港英当局的注意，所以她的行踪十分低调。她来到九龙乐道看望病中的萧红，端木蕻良因为萧红不肯治疗的事情正在愁苦之中，正好史沫特莱来看他们，端木就拜托史沫特莱劝说妻子尽快治疗。

史沫特莱帮助萧红联系了玛丽医院，希望萧红可以在这里进行全面检查，找出常年发烧的具体病因。她还向萧红分析了当前的局势，她觉得香港也并不安全，建议萧红可以去新加坡养病。但是不久史沫特莱就上了日军的黑名单，她必须返回美国，所以萧红前往新加坡的计划只好暂时搁浅。

萧红继续了《马伯乐》的写作，她准备完成三部曲，不想刚刚写到一半，萧红就一病不起，这次是真的一病不起了。她发烧，每天不停地咳嗽，胸口感到剧烈地灼痛，已经痛得弯不下腰，每走一步都要费尽周折，甚至端木蕻良一个人都已经照顾不了她了。端木蕻良坐不住了，他请朋友袁大顿帮忙叫车，越过海，赶忙到了玛丽医院。萧红住进了医院的三等病房，因为特殊时期，所有的东西都物价飞涨，端木找到周鲸文说明了情况，周鲸文当即表示要萧红安心养病，医疗费用方面他来负责。袁大顿办理了住院手续在一旁感叹费用的高昂，萧红很担心，端木赶忙说费用方面已经由周鲸文资助了，叫萧红不要考虑太多，安心住院。

萧红很快被查出患有严重肺结核，而且根据 X 光显示，她的肺结核发病期已经很久了，两片肺叶上都有空洞，必须用空气针治疗。空气针治疗周期较长且痛苦，萧红很害怕，所以僵持着不想治。端木蕻良没了主意，找到朋友们，朋友说空气针还是比较先进的治疗方法，对萧红的病情是有一定作用的，无力争执的萧红只得顺从了医生的主张。

治疗初期的萧红整夜无法入睡，她的头疼病也来困扰她，肺结核导致呼吸不畅，发烧还是继续，还偶有咯血的症状。倔强的萧红此时也倔强不起来了，她双眼无神看着医院的天花板，三等病房靠海，夜里吹来的徐徐海风也让她心惊肉跳。经过几天的治疗，病情略有好转，萧红的呼吸顺畅一些了，也有饥饿的感觉了，喊着要吃罐头。端木也暂时安下心来，两人在香港主要是依靠稿费生活的，端木不敢耽误《时代文学》的供稿，所以不能时刻陪伴萧红。精神稍有好转，萧红也准备继续《马伯乐》的写作。

萧红有了一点精神就变得健谈，病中的她更加孤独寂寞，所以变得和从前一样健谈，还在医院住院期间结识了新的朋友。每次端木去看望她，萧红都脸上堆着笑意，不停地向端木介绍她新认识的朋友。萧红还是没有力气走路，她一般是在床上半靠着写《马伯乐》剩下的稿子，因为要在《时代文学》上连载，萧红不敢有丝毫懈怠。白天的时候总有朋友来看望自己，她还不是那么寂寞，一到夜晚，听着走廊里医生的声音她就变得无所适从。尤其是言语不通带来的麻烦，医生的语气和渐渐微凉的海风一样清冷，萧红一个人在病房里写作，根本听不懂医生在交谈些什么。她甚至臆想这些医生会不会对她做出什么可怕的事情，那真是叫天天不应，叫地地不灵了。

她这样考虑不是空穴来风的，香港天气转凉，从窗子外面吹进来的海风不比从前温柔，萧红的咳嗽好像比之前严重。她只好求助医生为她打止咳针，医生则不以为然，表示还没那么严重，他们知道该如何治疗结核病人，用不着病人自己开处方。其实医生何尝不知道病人的痛苦，只是他们见惯了疾病，接触了各式各样的病人，见过了各种原因死亡的病人。对于这些，他们早就见怪不怪，甚至感到不耐烦，果然在冰冷的场所待久了心都会冷却下来。

冰冷的回应，冰冷的走廊，冰冷的病房，这冰冷的世道。萧红很自然地想起了那些年的哈尔滨，想起了哈尔滨就想到了萧军。这样的住院经历在哈尔滨有过一次，那是她的女儿出生的时候，没有钱住院，没有钱买止痛药。爆裂的萧军从窗子跳进来冲进医生办公室“威胁”医生立刻治疗疼得不省人事的自己。萧红知道她不该这样想，不该设想若是萧军还在，他会怎样对待玛丽医院的医生，但是这寂寥冰冷的夜，除了任凭回忆填满大脑，萧红还能怎么办。

萧红不能忍受下去，她几乎是带有哭腔地央求端木要立即出院，端木则觉得就目前的情况来看，萧红的病情恐有加重的风险，另外家里的环境不适合萧红养病，所以就没同意萧红的请求。前来探望萧红的于毅夫见到此情此景感到心酸，萧红向他说了很多医院的不好，她急于出院，她太想家了。于毅夫拗不过萧红，又想着病人养病的心情很重要，不如随了萧红的愿，先送她回家，看看情况再做打算。端木下班之后赶到医院，看见萧红身边一包包的行李感到诧异，于毅夫向端木解释了原因，端木很无奈，三个人便一起收拾着准备出院。回到家的最初几天，萧红感受到久违的舒心，还是家里好，家里没有官气十足的护士小姐，也没有医院那般空旷冰冷，就连床铺都很温暖。友人们听说萧红出院了，就陆续来家里看望她。

周鲸文知道萧红已经返回家中养病，很不解，立刻前来探望萧红。他劝说萧红应该马上回到病房去，家中的环境狭窄且不安静，根本不利于萧红疾病的恢复，况且结核病的治疗周期本就很漫长，萧红不该任性出院。萧红听到这些虽然觉得很有道理，也知道大家都是为她好，但是她对玛丽医院已经有深深的恐惧感，说什么也不肯回医院治疗。

在家中养病的日子，柳亚子前来探望萧红，他为萧红的坚强乐观而感动，又见到端木对她的照顾，感慨不已，随即赋诗一首赠予萧红。诗中那句“文坛驰骋连双璧，病榻殷勤伺一茶”，萧红念了一遍又一遍。萧红见到柳亚子顿感相见恨晚，还与柳约定病好后和他一起看电影，一起喝茶聊天。

1941 年 12 月 8 日，日军对英美两国宣战，太平洋战争爆发。香港是英国殖民地，日军对香港狂轰滥炸，正式入侵香港。启德机场遭到日军的轮番轰炸，日军兵分几路进入香港各地燃起战火，警报声终日不断。

萧红病得更严重了，病得再也离不开床铺，再也不想多说一句，只想留着最后的力气双手捂住耳朵。她不要听外面轰炸的声音，她紧紧抱着坐在床前的端木蕻良，把头深扎在端木的大衣里。端木动弹不得，一刻都不敢离开。但是家中已经没有多余的食物了，萧红的药品和营养品也都吃没了，端木必须要在更大的灾难到来之前囤积食物。但是绝不能留精神崩溃的萧红一个人在屋里，但总要为以后打算，至少钱要尽快从银行里取出来，可说不定银行也已经被炸平了。纠结中，端木想到了几个月前来到香港的青年作家骆宾基。当时，骆宾基只身来到陌生的香港找不到工作，他身无分文，无处容身，因为与端木同为东北老乡就来求助端木。端木听过骆宾基的名字，也看过他的一些文章，所以给了骆宾基很多照顾。正巧八点过后，骆宾基打来电话说香港硝烟四起，无处安身，准备先回内地想办法。端木在电话里说了自己的困窘，希望骆宾基可以暂时留下来帮忙照顾一下病中不能自理的萧红，骆宾基立即同意赶来，让端木少安毋躁。

萧红知道端木要走，她立即恐慌不已，慌忙抓住端木的衣角央求他不要离开自己。端木说他处理完事情会立刻赶回来，萧红担心他不回来还是死死地抓住端木的手臂不放。两人正在争执之中的一幕，刚好被匆忙赶来的骆宾基看在眼里。就是那么凑巧，尤其是对于夫妻而言，往往不想让别人看到的恰恰就会让别人看了去。骆宾基来不及多想，就走了进去，萧红看见了骆宾基就分了神，端木这才把萧红的手放下，匆忙地走出了房间。萧红看到丈夫离开的场景，自然是心如刀绞，她的世界立刻黑暗，她赶忙抓住骆宾基的手，用虚弱的语气说着："不要离开！"惊魂未定的骆宾基坐在床边，告诉萧红他不会弃她而去，两人紧紧握住对方的双手，拼命地对视着。于毅夫冒着炮火匆忙赶来，他告诉萧红关于中共党组织要营救萧红等人的消息，萧红听到后，安心了许多，才稍微放下了紧抓着骆宾基的双手。

奔跑在战火四起的街上，端木全身上下的器官都好似叫嚣着，他要在最短的时间内找到最近的银行取出钱，然后像强盗一样和众人抢着洒落一地的面包。药店早被炸飞，可是萧红的药已经没有了。他只好继续跑着，带着绝望的嘶吼，他仅仅是二十八九岁，本还是被萧红关爱的"弟弟"。本来，一切都有萧红替他阻挡，他不用管理家中的财物，不用打理房间，甚至不用自己搭配衣物，就算是外界那些不堪入耳的谣言也有萧红替他阻挡了一大半。毕竟还是年轻夫妻，怎能料想到，死亡竟已经距离自己这么近！

人在极度脆弱的时候总是会把善意和恶意都放大，而战火也把人的优缺点瞬间放大。萧红没有精力推测端木离开家去做了什么，她对端木的行为感到失望和愤怒，她觉得端木准备弃她而去，便不想再和端木多说一句。想不到自己会有今天，想央求弟弟的朋友护送她回上海，甚至想到了要向父亲妥协，想到了数次出轨的萧军。

萧军曾恋上他想象之中的悄吟，然后经过深度接触发现悄吟是一个"表里不一"的女子，他感到失望和后悔，其实萧红并没有做出什么改变，她从来如此。同样的，萧红喜欢想象中的端木蕻良，但是随着突如其来的战争和不可预知的病魔，她发现了丈夫端木的缺点。原来艺术家身上的缺点端木都有，他喜欢幻想，沉醉不切实际，他犹豫不定，胆小懦弱。萧军身上的缺点，端木确实没有，但是端木也不具备萧军身上的优点，萧军怎会一无是处呢？毕竟是当年悄吟真诚爱过的人，萧红总喜欢比较这两个男人，这当然不过是一种自我折磨。

不得不承认，端木迷恋的萧红是全身散发光芒的萧红，是《红楼梦》中黛玉和妙玉的结合体。但是相爱之后，彼此走近对方的生活，他发现萧红也不过是一个平凡的女子，成了“曹太太”之后，萧红变低了，端木也难免感到一丝失望。不能怨恨萧军没有深爱，因为萧军连自己都不爱。端木迷恋女神，但是这种迷恋直到天妒红颜的那一刻才升华成绝爱。

萧红爱他们，但更爱自由，她放不下故人和丈夫，但更多的是放不下众生，放不下搅拌着鲜血的笔墨。

“骆宾基，你要送我回上海，我是要活着的，我还有好多文字没有完成，我还要接着写《呼兰河传》第二部，你不能离开我。”

“一个人不能生活得太可怜了，他吗？我们不能共患难。”

“你是不是没见到我之前就站在了萧军的一面？你不清楚真相，为什么就要认为是我的错呢？”

这些话已经记不住许多，顺序也许混乱，表达的意思只怕也残缺不全，也许病重的萧红自己都不清楚说了些什么，只知道她是痛苦的，身体是痛苦的，心里更是刀剑穿透过的。每天都是身心疲惫，痛不欲生。痛就痛吧，痛一天也就少一天了。

萧红在端木面前扮演母亲、姐姐、保姆和心理医生的角色，在萧军面前扮演女儿、妹妹、厨师和发泄工具的角色。与端木在一起，他消耗她，拖累她；与萧军在一起，他折磨她，捆绑她。找不到一点自由的影子，在看不见、摸不到的爱里虚化自身，这都不是萧红想要的爱情，也都不是适合她的婚姻。

直到今天，直到今晚，警报声和炮火声混杂着的夜晚，萧红都没有成为她年少时期望成为的人。她遇见的，都成了错的人。她还是期盼着端木再次出现在她的面前，你能读懂我的寂寞，为什么就不能懂我的坚强。

其实他懂，或者说是来不及懂，他是太年轻的大男孩了，她也是太坚强的姐姐。被炸碎的爱恨情仇，谁又能说得清楚。

十九、香港——炉清烟冷魂梦归，泪洒香江东逝水

房间内满是枪火味和焦肉味，就连萧红躺的床铺上都有从天花板上震落下来的碎墙皮。房间的晃动和头晕目眩合在一起，眼看着头顶的玻璃灯好像就要落下来，萧红连睁开眼的力气都没有了，只能隐约听见端木和骆宾基的交谈声，恍惚中知道自己要被转移到其他地方去，再不走就真的走不成了。

端木还是回来了，回来好，回来便好。

端木和骆宾基临时用床铺做了一个担架，把萧红抬到上面，趁着黑夜，三个人从大时代书局转移到了思豪大酒店，周鲸文在酒店的五楼为他们开了一个房间。萧红知道丈夫回来了，而骆宾基也对自己寸步不离，还有朋友相助，她心里安慰不少。混乱中她还不忘致电柳亚子先生，告诉先生她已经转移到安全的地方。

日军并没有停战的迹象，更多的日本兵开进香港，接连几天的袭击，香港城内已经大乱，市民们四散逃亡，越来越多的医院等公共机构均被日军强制接管。12 月 11 日，英军显示出招架不住的趋势，他们开始从九龙陆续撤兵。港英当局方寸大乱，大量征用私人汽车和民房。12 月 12 日，九龙被日军完全占领，街头

帮派和流民借机战火，洗劫各大银行和珠宝行，食物变得重金难买，面包和火腿都被难民们拼命争夺。

大概过了四天，思豪大酒店也遭到了日军的轰炸。萧红背靠那面墙窗子上的玻璃被瞬间震碎，萧红在半睡不醒间被惊醒。端木和骆宾基抬着萧红转移到了酒店的后山，冒着头上的流弹，四周都是燃起的战火，路过十几具尸体，路过夷为平地的民房，路过被日军猛烈轰炸过的医院。两个人不再有畏惧，也不再有思想，那一刻只有一个信念，抬着担架径直向周鲸文家里跑。却不想三人到达周家的时候，周家已挤满了四处而来的难民，房间里乱作一团，根本没有放置担架的地方。无奈之下，端木和骆宾基又抬着萧红从联合道 7 号转移到告罗士打酒店。三人到达酒店的时候，酒店的客人早已逃离得差不多了，酒店管理员也忙着收拾行李准备撤离。可两人实在是走不动了，端木的双膝患有严重的风湿病，骆宾基也是文弱书生，两人抬着萧红各处奔逃已是疲惫不堪。他们把萧红抬到床上休息，两人靠着床板四目相对，房间内除了炮火声就只剩下两人急促呼吸的声音。

睡梦中三人都被惊醒，因为听见楼梯上地动山摇的爆裂声音，日军来了！而萧红此时的呼吸声音比端木和骆宾基还要大，三人都知道萧红的病情更加严重了，看着萧红喉咙处鼓着大包，萧红的脸色惨白如雪，眼神比任何时候都要空洞，显然是快要窒息了。端木和骆宾基把萧红转移到一家裁缝店，又搬到了时代书店的书库。

日军攻入酒店并将酒店名字改成半岛酒店，作为他们的军事临时指挥部。这天是西方的平安夜，但是双方交战的景象比任何夜晚都要惨烈，真是极大的讽刺与悲哀。接管酒店的日军把剩下的人一并赶了出去，端木和骆宾基抬着萧红一路狂奔至香港时代书店的仓库里暂时落脚。

英军不敌日军。日军把本属于中国的香港作为了抢夺地盘的训练场，踩着无数中国人的尸体为他们的交战高呼胜利。将近一周的交战，让香港满目疮痍，血流成河。英国人被日本人赶走了，但是中国人却输了。就在 1941 年 12 月 25 日这天，港督宣布停战，英日交战最终以日本的胜利而告终，英军让中国人付出了生命的代价却没有获得胜利，他们也不觉是如何可惜，对于英军而言，这次失败也只是丢了一块地盘而已，至少还有中国人来垫背。圣诞节的欢声笑语掺杂着日军的洋洋得意，他们一起踩在中国人的尸体上庆祝黑色圣诞节。

1941 年 12 月 25 日，港督杨慕琦投降。

于毅夫来向端木辞行，并告诉端木不要焦急，在他走后会由王福时等人帮助萧红和端木撤离，临走之前还留下了一笔路费。1941 年被战火毁灭，人们在苟延残喘中走向了 1942 年。柳亚子告诉端木他也要返回内地，他给了端木一笔钱作为萧红以后的治疗费用。此时这些馈赠都是雪中送炭，端木接了过来，他来不及思考太多。在送走柳亚子之后，他多方打听，终于找到了可以接收病人的跑马地养和医院。此时萧红已经不能平躺，她只有半靠在枕头上，头半侧着，头发也乱了，眼睛里总是湿润，皮肤也都红肿起来。她感觉有人随时在掐住她的脖子，觉得喉咙肿得厉害。她的手也没有力气去摸，只能大口大口喘着粗气，说几句话就要休息好久。端木知道养和医院是香港最大的私人医院，所以跑回来就和骆宾基把萧红抬去了。

萧红的主治医师叫作李树培，他当即诊断萧红患的是气管结瘤，必须要开刀手术切除结瘤，萧红才能正常呼吸。开刀手术不是一件小事，端木对这个诊断结果也是将信将疑。他哥哥因为骨结核病开刀手术卧床数年，所以他知道结核病患者的刀口不易愈合。端木不同意开刀，他打算再找其他医院的医生详加诊断，可是在一旁半躺着的萧红听到这些，哪里还能支撑到找到下一个医生，她几乎快要窒息，而且马上就不能正常讲话了。萧红迫切需要减轻痛苦，她几乎是用尽全部力气吼着要端木在手术单上签字，因为萧红不相信自己还会那么悲惨，她把以后的全部希望都寄托在了手术上，她以为手术之后就会渐渐好转，所以硬是逼着端木把手术单递给她，她自己签了字。

第二天，萧红被医生推进了手术室。但在切开气管之后竟没有发现肿瘤，也就是说，这是李树培的误诊。萧红被完完整整地推进去，出手术室的时候，脖子上多了一个金属管，医生说是为了避免术后粘连才使用金属管，只是暂时不能正常说话。端木用棉花蘸着酒精擦拭着萧红喉咙处的金属管头，他低着头，眼泪快要流出来的时候就把头转过去看窗户。

金属管要每天消毒，而且因为设备不是很先进，所以金属管内部会被病人分泌的痰液封住呼吸口。萧红本就是结核病患者，要终日咳痰，这样一来她分泌的痰液会时不时封住金属管，管口被封，病人就无法呼吸。唯一的办法是要有人时刻守着病人，每天都用自己的嘴去吸金属管里的痰液，这样昼夜不歇。端木不离萧红左右地照料她。萧红看着一筹莫展的端木和骆宾基，哭着说她舍不得离开他们。

术后，刀口不封导致了伤口感染，医院的消炎类药品早就被日军强制征用，普通病人根本没药可用。伤口感染没有抗生素治疗导致萧红不断地发热，高烧又引起伤口不断扩大，更是难以愈合。端木欲哭无泪，他拉着骆宾基走出病房，两个大男人面对萧红的绝境无计可施，两人紧紧抱在一起，为了他们共同的亲人流泪抽泣。端木不想放弃，他告诉骆宾基帮忙照看萧红，他要步行到很远的玛丽医院去寻求帮助。病床上的萧红微微睁开眼睛，只看见了骆宾基一个人在守着她，她的心渐渐向下沉，沉到深海里，她想问端木的去向，但是竟喊不出一句。端木经过不断交涉，玛丽医院同意接收萧红，但玛丽医院距离养和医院很远，而且萧红不能走路，两人抬着萧红也太危险，怕萧红坚持不住。可是几乎所有的汽车都被日军征用了，端木跑到街面上，正好看见了一个身带记者标志的人在和另一个人交谈。端木必须碰碰运气，他用英语向记者说明了妻子的状况，记者说他是朝日新闻社的随军记者，同意帮助转移萧红。

几人把萧红送到了玛丽医院，萧红喉咙处的金属管换上了铜管，呼吸顺畅许多，但是从此失去了讲话的能力，一个字也无法发声，萧红只能用手中的笔同其他人交谈。没想到几天之后，玛丽医院居然也被日军征用。日军把医院里的病人全部赶走，几人只好把萧红送到了另一家医院。这是一家法国医院，经过诊断，医院内的医生表示萧红的身体情况还不算太差，他们有信心治好萧红。可是日军几乎是随着转移的病人又来到了法国医院，立即宣布接管医院，又把病人们赶到圣士提反教会女校的救护站。

女校的救助站本就是临时的医疗机构，这里的医生和护士早就被日军赶走，药品也被日军征用，转移到这里的病人只能静静地等待死亡。萧红至此真的到了绝境，曾经生命中有那么多的绝境都走了出来，这一次她是真的要向命运妥协了。

病得不用再说话，把对人世间的眷恋和遗恨都留着跟上帝说吧。这一生，无论怎么折腾，终究还是在劫难逃。以为躲过了“九一八”的炮火，以为躲过了北碚的空袭，最后还是让日军的炮火追着跑，一路从呼兰河追到了浅水湾，一路逃亡，一路侥幸，现在这些侥幸真的用尽了。

到港的两年，萧红完成了生命中最重要的著作，《呼兰河传》和《马伯乐》。这两部作品也是能够表现出她最真实的底色的杰作，《呼兰河传》比《生死场》更能代表萧红本人，更符合萧红下意识的写作状态。《呼兰河传》呈现出的是一个不加任何修饰的萧红，是未曾被任何思想和立场影响的萧红。她好像知道自己命不久矣，所以在这两年里她拼尽全部力气。多么不舍，总有一天要在天堂里相拥而泣，我将不再留恋这血迹斑斑的一点一滴。

跋涉者开始老去，凄风苦雨里你依然年轻，人间千万伤心事，生离是你年少常驻，死别就是现在。病床上的最后一丝气力用来回忆过去，可那个“过去”里的人不会等我，缘尽之后，他们走得比我更快，他们都比我健壮，双脚比我有力。

1942 年 1 月 21 日，萧红进入了昏迷。

1 月 22 日 6 时左右，端木已经叫不醒萧红，她的意识开始消失。

四个小时之后，也就是 1 月 22 日上午 10 时，近距离贴近她的胸口，听不到心跳的声音，呼吸也是似有若无的状态。

1942 年 1 月 22 日上午 10 时到 11 时，萧红终于向命运妥协。她就这样走了，她走了！

生于硝烟四起，死于战乱未平，生时山河破碎，死时满目疮痍。坚持善良率真，怎奈百病缠身，一生追着自由跑，一生却被战火追着跑，纵横在呼兰河里，天都嫉妒不已。未曾实现心之所想，但愿魂归心之所向。

命运让她多苦难，她就有多坚强。她的坚强和脆弱都是一个伸手不见五指的无底洞。这一生，这短短的三十一年，是被众人回忆的罗生门。战火一过，荒芜的土地寸草不生，她一走过，真诚的土地重拾热情。

临终的时候，她没有力气哭出来，知道那是眼泪洒在了香江里，洒得悄无声息，等着山河壮丽。

三十一年的苦难，你所无法逃避的人生，若有人能懂，我想她从不愿意逞强。

二十、浅水湾——落花无语对萧红

她在硝烟四起的战火中离开，她不情愿离开，不甘心离开。不情愿地走，就像不情愿地来。端木和骆宾基陷在巨大的悲痛中不能自拔，尤其是端木，他从未想过死亡可以距离自己这么近，虽然在战乱中每天都有无数的尸体堆上去，但是他觉得他会是那个幸运儿，就在萧红停止呼吸的前一秒，端木还没有从自我主义的包围中走出来。萧红竟然就这样抛下自己先走了，这是真的吗？躲过了那么多次生命垂危，她怎么甘心就这么“轻而易举”地走了？我们还有太多的来不及，来不及写的文字，来不及解释的谣言，还有来不及说的相伴到白头。

端木，未到而立之年的懵懂丈夫。他的作品深刻而震撼，大地的海都可以包容进去，科尔沁旗草原也可以有他游走自如的身影，他的经历看起来也是一样跌宕起伏，但是在倔强且坚强的萧红面前，端木显得如此青涩。在妻子这里，他不需要精于世故，不需要打理家庭生活，他要考虑的只是怎样创作出更绝佳的作品，让文坛记住他，让妻子更加欣赏他。

生命太短，故事太长，你本来那么脆弱，但是为何还如此倔强。

莫名其妙地离开，无可奈何地死亡，在这些“莫名其妙”和

“无可奈何”的背后其实是一个消耗殆尽且千疮百孔的灵魂。在与端木蕻良四年的婚姻生活中，萧红是一个姐姐，她有无穷无尽的爱心，是丈夫温暖的港湾，是他创作的不竭动力。萧红是端木的灵感启蒙，也是他遇到口诛笔伐的庇护者，时刻抱有奉献的牺牲精神去和端木相处，当林黛玉遇见贾宝玉，看似仙气缭绕的婚姻画卷其实也脆弱不堪。偏偏这四年中的萧红不知是怎么了，或许是与从前朋友的渐渐疏离而无人倾诉，还是她把艰难困苦都泡上了酒，每天饮一杯，空气里的所有都成了她眼中的温柔。她很少倾诉身心俱疲，任凭自己疯狂奉献，然后把最后的坚强都消耗殆尽。一个人的消失又算得了什么，每秒钟都有被乱枪袭击的生命。

“端木！你还在想什么？明早收尸体的就来了！”

一听到尸体两个字，端木仿佛被冷水浇醒，没错，萧红去世了，她的芳魂已经离体了，就在刚刚。

此时，香港还有没来得及撤离的朋友，听到噩耗，都冒着生命危险跑来医院见萧红最后一面。《时代批评》的相关人员、原东北军师长张廷枢和张学良胞弟张学铭纷纷赶来，面对断气不久的萧红，大家都唏嘘不已。当时很多殡仪机构都被日军占用，每天被炸死的人那么多，根本来不及收尸，就只好随便找一块地方埋起来。日军把西盘营高街陶淑运动场作为了尸体临时埋葬地。说是埋葬地，事实上只是一个万人坑，日军每天都派人去各大医院和街道收尸，然后把尸体不分男女，衣服纷纷扒光了扔进万人坑统一焚烧。

当然不能让萧红落得如此结局。端木守在萧红尸身旁一夜未合眼，他和骆宾基必须要和收尸的人交涉谈判。第二天一早，马超楝带着收尸队前来医院收尸，他时任香港政府的卫生督查，正好负责殓尸等相关任务。马也喜好文学，对萧红的名字早有耳闻，端木向马超楝表明了萧红丈夫的身份，马超楝随即答应了他的恳求。收尸队的人准备用医院的白布把萧红的尸体层层裹上，然后抬到特别车厢上运走，端木拉来摄影师为妻子留下了最后的遗容，几乎是不用思考地就用剪刀剪下了萧红的一缕青丝，把它装在了贴身的内衣里。端木向马超楝询问了如何办理火化手续，然后请求日本记者把他带到日军占领当局的办公地，立刻办理了死亡证明、骨灰认领证明等证件。端木还用英语同相关人员交涉，可能因为办理人员不熟悉香港的情况，所以把不允许埋人的风景区——浅水湾的埋葬申请批给了端木。

日军把城内的火化场分成了两个，一个是市民用，里面的秩序完全混乱，所有的死尸都被挤在一起等着集中火化，火化出来的骨灰都分不清楚究竟是不是死者本人的。另一个火化场被日军单独征用，地点就在东区跑马场的背后，端木找到了马超楝，马设法安排萧红在日本人专用的单人殓炉里火化。

1942 年 1 月 24 日，萧红去世的两天后，她的尸身在香港东区跑马场背后的日本人专用火化场火化。负责火化萧红尸身的是一个印度人，端木塞了一笔小费给他，工人很用心地烧殓了萧红的遗体。

“烧得很好，灵魂可以上天了。”

前来取骨灰的端木听到这句话，他再也无法掩饰悲痛，哭声和乱糟糟的人群混在一起。他用布包着萧红的骨灰拼命地跑到了一家古董店，不容老板多说一句，他把身上的钱放在桌子上，然后要老板立刻拿两个瓷瓶给他，因为是古董，很难找到一模一样的瓷瓶，所以端木买了一大一小两个瓶子，并把骨灰一分为二，装到了两个瓷瓶里。

萧红曾对端木说她要埋在鲁迅先生的墓旁，端木不能忘记他许下的承诺，所以他要把一部分骨灰带回上海，而另一部分骨灰他会埋在靠近大海的地方，因为萧红也说过她喜欢面朝大海。

因为端木是香港文艺界的重要人物，再加上他近日不断向很多人表明身份，他已经上了日军通缉的黑名单。日本人到处搜寻端木等人，端木无路可走，所以在香港大学中文系主任马季明的掩护下住进了他的家。端木到达马季明家的时候已是傍晚，他抱着两个骨灰罐显得无所适从，好在马季明对宗教等神秘思想有着深入的研究，他也不太在意，让端木在向阳的卧室里休息。

浅水湾作为香港闻名遐迩的风景区，在日军攻入当天就被严格把守监控，任何人不得进入，所以当天的浅水湾空无一人。在萧红重病住院的四十四天里，骆宾基遵守诺言不离不弃。现在萧红去世了，只剩下两个骨灰罐的时候，骆宾基也一直守候在身旁。第二天，端木和骆宾基两人步行几个小时，绕过日军重重的封锁，翻山越岭，抱着骨灰罐拼命地跑到了浅水湾。两人越过铁丝网，几乎是连跑带爬地找到了丽都酒店花园，花园周边也躺着无数的尸体，有加拿大人，有日本人，更多的是中国人。这里是被日军封锁的无人区，腐烂的尸体也无人处理，血腥味弥漫在空气中。

端木经过四处寻找，看中了一个小花坛。这个小花坛周围是由水泥砌起的，看起来很是坚固，而且没有受到暴雨的冲刷，位置也方便日后寻找，最重要的是，端木发现小花坛刚好面朝大海。两人没有工具，就徒手搬开了石头，挖了一个土坑。端木小心翼翼地把萧红的骨灰罐放了下去，然后填上土之后，又在四周搬来很多石块堆砌在土坑的上面，插上了他亲手写的木牌——“萧红之墓”。

香港是真的不能再久留下去了，撤离迫在眉睫，那么易碎的另一个骨灰罐怎么办？若是路上自己不幸牺牲，岂不会就此遗失？或者说不定被枪弹击破，那更是莫大的罪过，自己怎么对得起萧红？考虑再三，为了保险起见，端木在第二天太阳落山的时候悄悄走进了圣士提反女校的后山，山地势高耸，植被茂密，日军没有注意到这里，端木选中了面朝东北方向的一个小山坡，请求陪同自己前来的港大学生挖土，坑挖好之后，端木把另一个骨灰罐放了进去，然后填上土，又找来一大块草皮封住。

面朝东北方向，是因为端木知道萧红一直心系家乡，尤其是重病在床的时候，她说的梦中之语都可以听得出来是呼兰的气息。端木精心选择的墓地，确实逃过了被日军发现的命运，但是这个墓地直到现在为止都没有被找到。晚年的端木本想将坟墓迁回到萧红的家乡，也不知是不是萧红在冥冥之中的意思，端木本人都未曾找到，想必那就是萧红的想法吧。浅水湾在香港岛太平山的南面，依山傍海，波平浪静，沙滩宽阔，流水洁净，旁边还有万寿亭、长寿桥、慈航灯塔。萧红一生心系故乡，迷恋自然，她恋着世间的一草一木，就像恋着儿时和祖父在一起谈经论道的后花园。浅水湾，现在看起来舒爽宜人，和后花园如此相像，萧红早就把自己融入这片土地里了，用自己的血温暖着死难的无辜灵魂。这不是哈尔滨，不是零下四十五度的边界小城，水滴在地上不会立刻结冰，不用再爱憎分明，升入天堂去继续她的虔诚。

即将陷入深度昏迷之前，萧红半靠在床头上，曾对丈夫说："端木，我说这话你要听，若是你在街上碰见一个孤苦无依的讨饭的，若是还有多余的铜板，你就掷给他两个，不要想，给他又有什么用呢？他向你伸手了，你就给他。不要管有没有用，你管他有用没用做什么？凡是对自己并不受多大损失，对人若有些好处就该去做。我们的生活不是这世界的获得者，我们要给予。"

含着眼泪，还要拼命咬牙去微笑，温柔地看着这一切。生的欲望被泯灭人性的战火无情地湮没，拿起笔可以忘记人间的不幸与阴暗，哪里存在彻彻底底的恶人，也不存在捧着一碗清水就能容你看到底的人。她最想要的生活，也仅仅是在一间安安静静的房子里写作，房子里可以摆放两张写字桌，可以和所爱的人相视一笑。继续她的绘画梦想，房间的墙上挂着不大不小的画作，画一些天地悲喜，涂一些人间奇遇，两个被全世界遗忘的青年男女在房间里踮起脚尖，提起裙边，相互起舞，去吹吹海风，看日出日落，等花落花开，写冰融雪来。

冰天雪地里跳自由之舞，萧红从不怨天尤人。只是她忘了若是不顾一切去追求前所未有的自由，随之而来的可能是前所未有的失重还有不可避免的人生悲剧。

有些人读萧红的故事是为了看看萧红是如何把自己的人生毁得一干二净的，他们想知道这个智商情商双脱轨的文艺女青年是如何亲手打造自己那令人嫌弃的一生的。其实局外人都"高估"

了萧红的个人能力，她的任性和叛逆，她的好奇心和反抗意识哪里会赢得了时代，即使她智力超群，即使她不需要恋人，即使她的脚跑得再快，她又如何能跑得过时代的车轮。让一个弱女子认命是多简单的事情，随波逐流也是最不费力的选择，拼命地挣扎，拼命地去做一个标新立异的“娜拉”自然不仅仅是依靠一腔热血的冲动，还要有金钱作为物质支撑。萧红何尝不知道这些，想来当她伸手去向社会要一个经济独立的机会的时候，她的双手就被削掉了。

萧红的三十一年，是一个逃亡接着又一个逃亡，一场战争接着下一场战争。战火纷飞的特殊年代，哪个女子不是水深火热，只是萧红有了“文学洛神”的特殊身份，这种苦难就被历史放大了，也被现今的局外人夸大了。“文学洛神”萧红不得不作为苦难女子的代表接受一些莫名其妙的口诛笔伐和局外人的横加指责，萧红好不委屈。

思想贫瘠的土壤还能开出幻想之花吗，生命的残缺世代相传。战争冷酷无情，周围虚伪造作。萧红年少时追求的自由，自然是神圣永恒。和神圣、永恒等词语有关的事物，能诠释它们的只有不切实际的浪漫痴语。生来就困在牢笼里，即便是夺门而出，也只是被人看作是一个疯女人。逃得出专制封建的家庭，逃得出特殊的时代吗？

在后花园里读了太多的书，所以逃出家门接着读书，萧红知道看清了命运的残忍，看懂了争取自由为什么失败。懂得这么多，为什么还是失败了？因为从一开始就不存在自由，又何来失败。萧红赢的同时也输了，在渴望中失血过多而死。鸟儿在铁笼里关久了，放它自由飞翔，就成了罪大恶极。萧红的故事是特殊时代的缩影，过去曾经存在，现在也许还会发生，未来也不能断定。

萧红的悲剧，是那个特殊时代的悲剧，也是所有人的悲剧。

落花无语对萧红，醒也梦君，醉也梦君。

第三卷

无人识得惊『红』影

一、豪情与专制——爱如波涛般汹涌

萧红去世的消息传来，正在整理文稿的萧军妻子王德芬失声痛哭，萧军忍住了。他点燃一根烟，缓缓走向窗边，抬起头看着烟雾飘出去的方向，风把头上的云吹过来，在萧军家的窗子停留几秒，然后自行消散了。

二萧的六年间，彼此相互成就。松花江决堤的那天，汹涌的洪水里，划船赶来的三郎情深义重，但他从不回头。萧军背叛的是感情，他确实没有做过什么伤天害理的恶事。萧红身边围绕的良人也不在少数，只是她一门心思扑在三郎这里。萧军没有伤天害理，萧红不曾三心二意，只能归于宿命使然，两人的缘分被他们用尽了。

一句“对不起”，不能换取萧红的回心转意，何况现在她已经芳魂离体。萧军也不想留下终生遗憾，道歉可以让他自己心安，但是萧红再也不会释然。既然如此，何必要哭出来，王德芬眼中的豪情侠士是不能流眼泪的，在前一个女人那里丢盔弃甲，现在他还是不肯认输。

没有进入上海文坛之前，二萧有一个共同的夙愿，就是给精心创作的文字找一个合理的归宿。这个夙愿达成以后，两人才渐渐发现他们并不是相似的人，尤其在创作观念上存在严重的分歧。选择婚姻对象的时候，虽然不一定能够找到与自己完全相同的人，但是绝不可能接受跟自己截然相反的人。

两人携手打造的文坛佳话听起来是如此美妙，可萧红意识到，若不脱离这段专制的感情，她就永远找不到自我在哪里，在众人的认知中，她无论成就多高，永远不是一个独立的女性。她是萧军的妻子，然后才是萧红。

而萧军在遇到萧红之后，性格并没有发生什么改变——不肯因为某些人或某些事就使自己改变，这是萧军的重要性格特点之一。

萧军的长相、气质与巴尔扎克十分接近，萧军身上体现的勇武和闯劲与他的文学精神相融合，这无疑让他更具有了传奇色彩。他是东北作家群中一个独特的存在，前半生的经历就是不断地闯关，讲武堂出身，参加义勇军失败之后，以文人的身份独闯哈尔滨文坛。他身上兼有文艺青年与武士的两种身份，最神奇的是萧军把这两种身份驾驭得轻松自如。

萧军年长萧红四岁，1907 年农历五月二十三日出生在辽宁省凌海市沈家台镇的一个小山村中。他本姓刘，原名刘鸿霖，进入文坛后使用过“田军”“三郎”等十余个笔名。刘家世代以做小生意为生。萧军的祖父刘荣是一个手艺人，平日里也种种菜。父亲刘清廉是一个技艺精湛的木匠。母爱的缺失是萧军心中难言的伤痛，母亲顾氏因为不堪忍受刘清廉的暴力虐待而吞食了鸦片自尽。因为父亲忙碌无暇照顾年幼的萧军，所以他的童年是在祖母和姑母的身边度过的。父亲脾气倔强，性格粗俗耿直，谈不上对萧军有什么良好的家庭教育，若不是祖母等家中女性的爱护，萧军不知道会不会被脾气暴躁的父亲打来打去，那简直是一段不堪回首的童年。

年幼的萧军想必也曾有走出家门独立谋生的想法，做一名江湖游侠是他年少所向。十岁那年，萧军随父亲前往长春，并在长春入学，一直读到高小三年级。这个学历在当时算是同龄人中的高等学历了。学习成绩优异的萧军难以忘怀年少梦想，在上学期间拜师学艺，渴望行侠仗义，笑傲江湖。十六岁时，他由长辈做主，与同乡女孩许素凡结为夫妻。

萧军的性格不能忍受茶米油盐的平淡生活，他要闯荡江湖，所以在十八岁这年，他进入吉林陆军三十四团骑兵营。因为文化素质较高，他被任命为上士文书。在骑兵营，萧军自感这样的生活也并非自己所愿，于是在朋友的影响下，通过努力考入了东北宪兵教练处，随即进入东北陆军讲武堂。年少有为的萧军文武兼备，一边在讲武堂训练，一边以“酡颜三郎”为笔名创作《懦》，发表在《盛京时报》上。他历来爱憎分明，眼里揉不进一粒沙子，曾多次替同学伸张正义。他认定的道理不肯服输，不管对方的身份地位如何，他一定要弄清事情的原委。因为该出手时就出手的性格，多次的横冲直撞，触怒了上司，萧军被开除了，不得不离开讲武堂，只好去沈阳宪兵教练处谋生。

“九一八”事变后，面对山河破碎，萧军下定决心要反抗到底，在吉林省舒兰县组织义勇军，失败后，萧军改名换姓，秘密逃往哈尔滨。既然武力不敌，萧军采取迂回战略，用笔杆子与侵略者对抗，他把笔名改为“三郎”，开始在哈尔滨的各大报刊上发表抗日文章。因为终日在刀尖上行走，萧军把妻子送回了凌海，自己留在哈尔滨用纸、笔作武器打击日军，后来加入了《国际协报》报社。

这就是萧军遇到萧红之前自己的故事。坚忍不拔的毅力和闯劲、骨子里的叛逆和反抗意识、大笔一挥的豪情、丝毫不拖泥带水的性情，活脱脱就是一个笑傲江湖、文武双全的勇武英侠。

可以看出二萧有着相似的童年经历，一个是缺失母爱，一个是父爱缺席。萧军在祖母的温暖庇护下长大，萧红在祖父的关爱教育下成长。两人都有一个不愿提起的童年，在共同的痛苦回忆里，抱团取暖，更容易唤起心灵相通的共鸣。

地域文化与家庭环境的影响，加上萧军本人的爱好和经历，他自带极重的父权意识、极端大男子主义。萧军有一套自己关于爱的解释，爱便爱，不爱便丢开。他的爱情，似乎来得很容易，情感经历似乎都可以用“刚刚好”来解释。

比起日久生情，萧军似乎更适合一见钟情，这就像“感觉”和“情绪”的差别：感觉与日久生情相符，情绪与一见钟情贴近。储物间的初次相见，萧军与萧红属于一见钟情，是一种英雄救美的拯救行为，是情绪冲动的表现，热烈而短暂。萧军真诚热烈，对于落难的萧红来说，吸引大于欲望，二萧从水到渠成的融合到共患苦难。

感觉是一个既真诚又虚假的东西，无法判断它的真实性。感觉是情绪演化的产物，算不上事实。二萧的相爱是从一见钟情开始的，随着时间的流逝变为日久生情。日久生情需要以后的想象和挖掘对方的闪光点来支撑下去的，而这个想象还必须要符合彼此的心理预期，也就是：我眼中的他（她），如我所想；他（她）做的事情，如我所愿。二萧后来，显然不符合两人的想象期盼，哪里是在挖掘对方身上的闪光点，分明是不假思索地去掩盖。最让萧红失望的是，当她光芒四射的时候，曾经共患难的丈夫还反过来嫉妒她的成就。极端大男子主义的人怎么会忍受妻子的才华在自己之上，何况自己还是妻子的“老师”和救助者。

没错，这种一见钟情，没有众人想象得那么浪漫，萧红确实是被动接受的。特殊年代的悲剧造就了特殊年代的爱情，特殊情况的一见倾心换取的是各取所需的安慰。不幸落魄的时候没有选择，刚刚好的关爱与拯救，刚刚好的由衷赞美，刚刚好的洪水。

若是抛开这些适逢其时的“刚刚好”，萧军貌似并不是萧红的理想型男子。萧红一直恋慕的都是温文尔雅的新时代青年，这类青年具备较高的文化素养，而且性情较为温和，甚至类似女子般的知书达理。这些猜测可以在《小城三月》中流露的一丝隐秘的情感倾向中得到些许证实。许多局外人对萧红选择了萧军这样的男人感到可惜和遗恨，可是当年那个前途未卜的落魄孕妇后来竟然会发出那样绝代的光芒，未来是不可能预料的，那么又何必遗恨呢？

就像萧红替许多女子活了一次一样，萧军也代替更多的男子做出了那个大胆的抉择。他是萧红没有选择的选择，这个选择是震撼而决绝的。

萧军不肯服输的强硬性格与极端大男子主义息息相关，为什么要加上“极端”两个字？因为这不是真正原始意义上的大男子主义。大男子主义里有尊重，尤其是对于女性的尊重，不要说萧军，恐怕当时所有的男性都很难做到对伴侣的尊重。而在萧军的婚姻字典里，是没有平等与尊重的，不是做到与否，是他根本不具备这个意识。萧军需要的是追随者，他要的是那种时刻被需要的感觉。饥寒交迫的时候，面包比恋人重要，解决生计问题后，以激情相遇的两人，生活中没有爱与刺激，是万万延续不下去的。

爱不是本能，渴望被爱才是本能。生活中的不稳定，如饥饿、战火，甚至第三者，这些事物加起来都是一种“刺激”，这些事物会把恋爱无限期延长。所以，萧军更适合做一个光彩夺目的情人，而非一个女人的丈夫，这一点他自己也十分清楚。只有刺激才能获得激情，没有激情，生活就无法进行，没有激情怎么演化出他崇尚的豪情呢？

若是有如果，战火中抬着担架的，文质彬彬的端木蕻良，如果换成炙热的萧军，他会做出更加超乎众人想象的事情来，不把与萧红的患难真情书写得惊天动地、气壮山河，他是不会罢休的。病痛中的萧红说的那句：“若是三郎知道我的情况，他还是会来救我的吧。”还是有一定依据的，萧红是了解他的。

反复思考怎么说再见，蓄谋已久的分手遭遇突如其来的分别，缘尽了，情还不忍断。

王德芬失声痛哭起来，她没见过萧红本人，对于萧红的印象多数是在丈夫萧军那里听来的。

“作为一个文学上六年的伙伴和战友，我怀念她；作为一个有才能、有成绩、有影响……的作家，不幸短命而死，我惋惜她；如果用‘妻子’的意义来衡量她，她离开我，我并没有什么‘遗憾!’”

“在文学事业上，她是一个胜利者，在个人生活意志上，她是个软弱者、失败者、悲剧者!”

后来萧军在日记中说：“我流了两次泪，对于她，我不是悲悼过去的恋情，只是伤怀她的命运，我不杀伯仁，伯仁却因我而死，我不愿承担这罪责。”

萧军还是一副不服输的样子，却感念萧红六年来为他所做的一切。萧军以侠士的光辉拯救了濒临绝境的萧红，他拯救她，对她犹如父亲一般的专制，他爱她，也毁灭了她。萧军的爱像潮水般袭来，如波涛般汹涌。海浪沉重地击打在残损的石块上，然后迅速退去，石块上留下一道道刀割一样的痕迹。

王德芬的眼泪更让人神伤，她与萧红情陷于同一个男人，也许真的只有女人才懂得女人真正的痛吧。

人生若只如初见，感情刻成磨难时才想起这句话，初见的那天是听着窗外连绵的雨滴，中间隔着储物间的霉气，其实谁都没有看清过。

经历太少，才让你我惊艳。

二、温情与忽视——谁是你的红楼魅影

萧红初识端木蕻良是在《七月》杂志文艺座谈会上，但这却不是端木第一次看见萧红。端木初见萧红是在1936年的夏天，地点是在一个环境幽静的公园，那天端木也来公园散步，一眼就看见了气质与周围人不同的身材单薄、面带笑容的女子，不过当初的端木并不知道那名女子就是作家萧红。而多年以后，端木想起了上海法国公园的初见场景，好奇地询问萧红，那名女子是否是她的时候，萧红的回答印证了端木的猜想。弱冠之年就完成代表作的才子，他与萧红真正的缘起是两人相近的创作风格与文艺主张，端木与萧红都认为作家不是思想的工具，作家面对的是全人类。保证两人关系能够细水长流的发展下去的原因之二，便是端木对待萧红的态度。端木是当时第一个也是唯一一个把“二萧”分开看待的人，他做到了以单独的视角观察独立人格的萧红。脱离萧军的“专制”正是萧红最渴望的，端木的出现给了萧红期盼已久的尊重。此外，萧红不止一次说过为什么男人的脾气都那么大，大到要让自己的妻子做出气筒，这从侧面说明了她可能遭遇了些许家庭暴力，萧军的强硬与端木的温情形成了鲜明的对比，萧红心里有一杆秤，她对端木蕻良的印象一直不错，至于对聂绀弩说端木“自私”“小气”“装腔作势”等词语其实是一种别样抱

怨的情话。

当只有一张船票的时候，端木一个人先行抵达重庆，而把有孕在身的萧红留在了武汉，这件事是他遭遇诟病的重要原因之一。但细心的人可以推敲，晚一步到达重庆的萧红并没有对丈夫产生疏离，也没有听她有过一丝怨恨。爱憎分明如萧红，嫁给端木之后，她对于男性的依赖大大减弱。她没有必要担心丈夫抛弃她而隐忍不发，所以只有一种可能，那就是端木先行离开武汉其实是萧红的“命令”。萧红周边的朋友们都是萧军的老友，在普遍意识里，他们都认为萧红是一个孤独脆弱的女人。这当然没错，只是朋友们隔着萧军这座高峰并没有机会了解真正的萧红。萧红是一个外表柔弱但是内心极度坚韧的女子，是冰与火相冲的矛盾性格，是一个数十年饮冰血难凉的人。自从知道萧红与端木相恋并同居后，朋友们对她渐渐疏远，并不了解夫妻二人的生活状态。其实，在与端木的婚姻中，萧红才是那个主导者。两人冒着生命危险开始生死的抉择，萧红一直很爱护端木，执意要他先行到重庆避难。端木习惯了别人帮助自己做决定，所以在争执不下中听从了妻子和周围朋友的主张，面对了几乎近半个世纪的口诛笔伐。遗憾就遗憾在那时的端木还没有具备如何去爱人的意识，在婚姻中产生的爱情依然是懵懂迷离的。

此事发生之日起，有一种广为流传的假设言论，很多人发出“若是只有一张船票，萧军是绝不会先走的”的感叹。且不论萧军的选择是否会符合假设中的推断，仅仅来分析类似言论之所以产生的原因。

假设言论流传是因为众人普遍认同了端木先行的行为是错误的，我们当然不能以今日之情判当时之境，其实抛开强烈的主观假设因素，萧红要丈夫先行是比较合理的想法。

重庆这座城市对于北方女子萧红而言是一个完全陌生的领域，时局紧张，战火纷扰，流动人口数量迅速扩大，城内城外一片混乱。一名身体羸弱的孕妇何以在房源极度紧张的陌生城市找到安身之所呢？这显然是难于上青天的事情。而端木的情况则略有不同，在重庆有他南开时期的同窗好友，他可以到达重庆后寻得好友的帮助先行解决夫妻二人的住房问题，以解燃眉之急。又加上安娥等朋友的劝说，所以在情况急乱之中几人没有考虑太多，便有了后续事情的发生。

命运的吊诡与特殊时期的动荡将人性中不完美的一面展示出来，同情与遗恨等复杂原因的加入让这次重庆之行变得扑朔迷离，让太多难以名状的情感欲说还休。

在没有了解萧红与端木蕻良的故事之前，对于他的全部印象均是来源于《早春》与《初吻》两篇作品，故事中的主人公兰柱的样子在脑海中愈发清晰。想把时光拉回到端木蕻良的童年，再次避开萧红不谈，看一看没遇到萧红之前的端木究竟有着怎样的经历，他为什么如此忧郁，为什么面对风起云涌的环境会选择旁观的态度，难道仅仅是因为与萧红相恋就受到了作家朋友们的集体排斥吗？

端木蕻良出生于1912年的9月25日，比萧红小一岁，与萧军同为辽宁人。他的家乡是辽宁省昌图县，原名曹汉文，又名曹京平。曹家算是当地的名门望族，端木的父亲是大地主出身，坐拥土地两千多垧（公顷）。端木的母亲是由父亲强行娶进门的，母亲是贫农出身，即使生下子嗣后在曹家的地位依然是等同奴仆，端木自幼就清楚母子二人在曹家的地位。他对父亲有着较为复杂的情感，虽然母亲地位低下，但是不影响曹父对子女的关切与教育。曹父是一位思想较为开化的人，对端木这个幼子还算是上心，端木的兄弟姐妹众多，大家都对家里的“老小”很是怜悯关爱。所以端木对自己的家族有着很矛盾的情愫，一方面因为母亲出身低微受到不公正的待遇，另一方面他这个幼子也在享受着家族带给他的荣耀和安逸。他对整个曹家表现出爱恨交加的复杂情绪，他既仇怨又崇拜，既反感又好奇。毫不夸张地说，端木的家境在东北作家群乃至同期的很多作家中都算是比较优渥的。

端木身上散发着一些贵族公子的气质和习气，他对这个身份也并不刻意反感，反而享受这种贵族的神秘气息，加上东北与俄罗斯接壤，又受到了日军的侵略，东北被动地接受了一些外来文化的影响，尤其表现在衣着服饰上，而端木尤其喜欢这些外来服饰。穿皮衣和马靴的端木，在这些穿棉衣和长衫的文人面前显得格格不入，大家虽然不会直接表现出来，但内心看不惯这种公子哥做派。端木有一位地主父亲，其他人的家世背景与他有一定距离。萧红的父亲虽然也是地主乡绅，但是萧红离家出走的那一刻就意味着与过去的家族完全断绝，所以萧红的地主出身也就不复存在了。

丁玲曾说他们与端木没有共同语言，不是一路人。丁玲所指的，应该与时局热情存在着重大联系。端木与同期很多作家相比，他的时局热情似乎是很弱的，这又是什么原因呢？其实端木不是生来就喜欢做一个旁观者，他有很好的学历背景，是东北作家群中学历最高的一个。1928 年在家人的安排下进入天津南开中学读书，1932 年考入了清华大学历史系，同年加入北平“左联”，1936 年发表短篇小说《鴜鹭湖的忧郁》，在文坛一举成名。

1919 年，五四运动席卷全国，还在读小学的端木就表现出较高的思想觉悟。他会和其他同学一起上街参加示威游行。中学时期接受了新文化运动思潮的影响，他疯狂地阅读与新文化相关的刊物，还组织成立文学社，负责编辑校刊等。“九一八”事变爆发后，东三省沦陷，端木目睹了日军的残忍暴行。家乡的亲人朋友们流离失所，一片生灵涂炭的惨相，端木的抗日激情在那一刻被迅速点燃，他再也不能忍受国破家亡的悲痛，与同学们一起组织了“抗日救国团”。端木的激进行为受到了校方的压制，不久之后就被开除，他不甘心，所以接着参加北京学生组织的南下示威活动，不想又遭到多方打击镇压，他与同学们被关进了监狱，后来经过家人费尽周折的协调，端木才得以释放出狱。出狱之后的端木依然没有放弃抗日救国的理想，他又参加了“北京学生军”，结识了更多志同道合的热血青年。考入清华大学历史系之后，他加入了“北方左联”，开始发表大量的抗日救国文章，宣传先进的革命思想。

此时的端木，虽然身处水深火热之中，但却是在最灿烂的年华做着自己最热爱的事情，所以他的热情极度高涨，他觉得他做的一切都是有意义的，都是关乎正义的。

可以看出，后来时局热情较低的端木不是生来如此，他也曾是一个富有激情的热血青年。在经历了一些令人心凉的事件后，端木开始思考人生的意义，藏起了自己的锋芒，选择全身心投入创作。

那时候，端木开始在自我世界中沉沦了下去，他独守这自由主义的散漫精神全力写作。1936 年，端木来到上海，因为出众的文字才华与鲁迅先生的提携，他进入了上海文坛。上海文坛的作家们多数是左翼文学作家，初来乍到的新人端木也有与这些作家相互认识的想法，创作思想多多少少受到了影响，发表了《鴜鹭湖的忧郁》《爷爷为什么不吃高粱米粥》等作品，有了创作实绩，他算是与左翼作家们熟络了起来。但是事实上，这些作家们虽然与端木维持着表面上的和谐，其实内心不见得非常喜欢他。他们可能觉得端木的出身很复杂，他又不喜欢关心时局，还穿着标新立异的衣服，带有个体自由思想，而且不擅长打理个人生活……在大家眼中，端木自私又懒惰，也不关心大众命运，不愿意脚踏实地做事情，所以部分人对他心存反感，而其中一些文人又有着特殊的身份，事关革命，也就习惯了以严肃的目光审视周围的一切，自由散漫的小资青年闯入了他们的视线，这引起了他们的微微警觉，但这也不能代表什么，毕竟思想这种抽象的事物又无法强迫他人。初至上海的端木先是得到了作家茅盾的欣赏，与其建立了较深的友谊。而胡风也很喜欢这位冉冉升起的文学青年，还曾为端木写过几篇评论性的文章，在文章中盛赞端木的写作才华，后来因为创办杂志的原因，胡风与端木在杂志供稿作家的资源上产生了嫌隙，尤其是得知端木与萧红走到一起之后，加上各种复杂的原因，胡风甚至不顾身份地在公开文章中指责端木的行为。

对于特殊时代演化的自由理想，端木的心中同样生长着无限憧憬，但是他恐怕和萧红有着同样的困惑。他们自以为神圣的自由到底是什么？通过怎样的方式才可以获得？或者说，他们一直追求的自由是否真的存在？还是说这个自由根本就是一个虚无缥缈的华丽借口。太过华丽的事物需要无尽的幻想能力，幻想能力超出限度之后，华丽就变成了虚妄。端木的不切实际在动荡的时代里就稍微显得不合时宜了。

可是端木这个标新立异的自由青年，一个在莎翁笔下游走的贾宝玉的艺术家形象，反倒活脱就是一个“男版张迺莹”，同样渴望自由的萧红怎能不对他产生好奇呢？端木保留了他的公子气质，当哈姆雷特遇上贾宝玉，他喜欢用高傲的姿态扮演落寞的贵族，他喜欢躲在云层里看世间百态，看破不说破，烟酒不沾，优雅腼腆。这些气质加到一起，在萧红的心里，这个弟弟就是一位极具人文主义精神的思想者。

端木牵手萧红，这件事是很多人都不愿见到的结果，所以受到潮水般的质疑。他得到萧红的青睐后，诸如“萧红在自我牺牲”“萧红从天上一头栽到地上”的话语屡见不鲜，端木索性不在乎了。这些朋友看似是为萧红惋惜，为萧军打抱不平，其本质上是男权意识的思想在作怪。他们认为萧红不是一般的女人，她是鲁迅先生的爱徒，是《生死场》的作者，怎么就喜欢上了一个自由散漫的无名之辈呢？若是端木是鲁迅先生力推的爱徒，萧红是一个普通妇女，恐怕萧红就不会面临千夫所指的境地。后来萧红客死他乡，朋友们对于萧红的去世悲痛不已，惋惜之情加上嫉妒之意连同思想立场不同的所有原因汇聚到一起，众人对萧红的惨死总要找一个集体发泄的对象，这个对象无疑就是端木蕻良。

《初吻》中的懵懂少年有些多情，但不博爱。萧红是端木的初恋，也是他的妻子。很多细节，端木选择隐瞒半个世纪，直到将这些秘密和自己的身体一起埋进土里，不问也不答。讳莫如深并不是罪责的默认，在“鬼屋”里奋笔疾书也不是忏悔。只怪当初太年轻，那时候真是太小了，没能把握住最初的时光，以为萧红可以再多陪他走过更多的春天，更多的以为最终也只是他以为。

两个人都需要依赖，两个人都是在孤寂里游走的人。习惯依赖别人的萧红遇上端木，不得不藏起脆弱，支撑着佯装出拙劣的坚强。垃圾桶和出气筒的身份拉扯着萧红，丢盔卸甲后还不忘故作优雅。

悄无声息比大张旗鼓更痛，端木的亡妻之痛不比任何人轻，反而更重。端木真正成为男人是在萧红生命终结的那一天，在大草原上驰骋的战马竟是旁观者的纸上谈兵，萧红的死让这些纸上谈兵变成了切肤之痛，变成了碎骨之痛。不辩解不是真的承认，端木的确一生有愧，但他惭愧的是那时候他什么也不懂，惭愧的是不曾发现萧红内心血迹斑斑，惭愧的是全部心思用于创作而忽略了妻子的感受，一生渴望安全感和归属感的萧红最怕的就是被冷落。痛恨年少无知，痛恨自己没有给萧红期待的安稳，他们的四年不能说是因为爱情，更多的是迷恋和尊重、依赖和平等。长期忍受厌弃，被强制性忽视的才女，对于他人的欣赏，有着一种几乎疯狂的渴望。端木是爱萧红的，并没有比萧军少一分，只是遗恨的是，从萧红离世的一刻，迷恋和好奇才催化成爱，从 1942 年 1 月 22 日的 10 点，直到萧红的部分骨灰陪伴在端木的身旁，这份隔世之爱终于完整归一。

萧红被苦难和病痛折磨了十几年，半生颠沛流离、水深火热的挣扎。听说端木晚年在面对来访者提问的时候，他突然捂着脸失声痛哭，不敢再看来访者一眼。也许他是把来访者想象成了多年以后的萧红，他没有遗弃过萧红，失声痛哭不是逃避，是悔恨，恨自己的犹豫不决，恨自己的无能为力。身心俱疲的萧红面对的是一个忧郁的王子，失意的公子。

端木一生痴爱《红楼梦》，若他有着贾宝玉的气息，那么萧红呢？恐怕不仅仅是带有林黛玉的气息，萧红是黛玉和妙玉的融合体。就像宝黛之恋，起初的端木对萧红是有情无欲的，就是光明磊落的欣赏与尊重，不掺杂一丝浊念。妙玉比黛玉更加孤僻清高，妙玉像是现今的小资文艺女青年，她是寄居在贾府里的落难凤凰。贾府本是一入深似海的豪门，偏偏建造了一处佛门净土之地，“无瑕白玉遭泥陷，王孙公子叹无缘”。妙玉是贾府中的一股清流，同样萧红也是落难女作家中的特殊存在，萧红和妙玉一样，渴望在污浊的人间找到一处清净，所以萧红流离半生为的是寻得安安静静的写作环境，妙玉更是躲进了尼姑庵里潜心修行。奈何一道墙挡不住泥沙，一道门隔不住红尘，红尘内外，墙里墙外，都逃不过命运的纠缠。

端木像贾宝玉一样还沉浸在如花美眷、似水流年的自我世界里，可战火纷飞的年代，怎么做得一个艺术家?

端木和萧红一样敏感，他习惯了带着挑剔的眼光看待周围的一切，尤其是遭到朋友们的冷漠排挤后。他貌似会放大情绪，觉得周围的一切都容不下他的存在。他们自私又刻板，虚伪又愚蠢。端木的自由渴望受到压制，他就生了一身刺，整日以一个忧郁艺术家的形象存活于世。

萧红喜欢自我怜悯，端木比她更甚。其实乱世里挣扎的普通人没有想象的那样阴鸷，也没有想象的那么真诚。活着都显得如此奢侈，也无所谓快乐不快乐了。以一颗炙热真诚的心去对抗世界，不一定就是艺术家标榜的纯净。

一个完美主义者的自由灵魂、宇宙间的精华、人文主义气息浓烈的忧郁艺术家与一个自由主义者的叛逆灵魂、大地的母亲、反抗意识强烈的才女作家结成了夫妻，不知是幸还是不幸。

不知端木作品中的“金枝”与“灵姨”是否有着亡妻萧红的影子。《早春》与《初吻》中的两位女性角色有着一个共同点，她们比男主角年长，阅历也更加丰富跌宕。作品中的“兰柱”在懵懂中似乎很是享受被周围女性关怀的感觉，再加上端木的生母在家族中的尴尬境遇，端木的心中也许存有一种对女性的依赖和崇拜。

大家族中生存的女性谈不上话语权，母亲对子女的控制权也不值一提，这就慢慢滋生了一种奇异的母爱缺失。端木和萧军的性格特点存有很大不同，萧军的母爱缺失激发了他对女性的拯救与保护，而端木母爱的缺失则引发了他对女性的依恋与憧憬。萧红的善良与对他的犹如弟弟一般的关爱恰好满足了孤寂的端木一个情感投射的需要。《早春》与《初吻》中的情节暗喻了女性略显主动的一面，端木对母性的憧憬也可以显示出他对女性的些许尊重。

端木与《红楼梦》存在着前世今生的缘分，可他终不是红楼梦中人，原以为萧红就是自己幻想中的红楼少女，他不肯从梦里走出来，也不愿意其他人走进去。朝为美少年，夕暮成丑老，自非王子晋，谁能常美好。

文采风流，孤高绝世，孤独的艺术家，谁是你的红楼魅影。

端木蕻良的第二任妻子钟耀群说，端木再度拜谒萧红墓的时候是扑上去的，用手抹去墓碑上的灰尘，就像擦去萧红的眼泪。

萧红等不到端木长大了。

三、幻想与无奈——你沉在我的心海

对于这个不知原因弃她而去的未婚夫，萧红终其一生只字未提。汪恩甲的离奇失踪成为萧红短促一生的谜团之一。若只看萧红对待两个孩子的不同态度，萧红对汪恩甲没有很深的恨意。近来影视作品中的汪恩甲形象在第一卷中已经有简单的提及，一个一无是处的恶少形象，向观众展现出来的并不是对萧红悲惨遭遇的同情，而是大写的尴尬。这样的形象侮辱了萧红，没有增加悲剧的气氛，反而给萧红带来了二次伤害。

普遍的意识观念中，旧时女子的逃婚行为多数是因为爱情，比如对方是一个嗜酒如命的纨绔公子，或者是门当户对的家族联姻。事实上，萧红的逃婚与爱情并无关系，她逃避的是父母之命媒妁之言的陈旧婚姻观念。除此之外，驱使她逃婚的另一个重要因素是逐渐觉醒的女权意识，萧红认为这种命令性的婚约是对自由的压迫，之前她已经在哈尔滨的女子一中里接受了很多正面的新文化思想的熏陶。年轻同学之间纷纷对“娜拉出走”的行为感到无限崇拜，在正面思想的影响之下，也不乏一些投机思想的负面影响，比如同学们都想做“娜拉”，但谁也不敢做第一人，他们鼓动单纯真诚的萧红冲在前面，萧红涉世未深，并未太多地考虑后果，再加上“表哥”陆哲舜的支持，萧红就自己走上了风口浪尖。当然，除了产生新思想之外，汪恩甲喜好吸食鸦片的事情被萧红知晓，身边都是一些进步的热血青年，她看不惯汪恩甲的少爷习气，权衡之下选择了对他敬而远之。

萧红逃离“福昌号”屯之后，一个人流落在哈尔滨的街头。汪恩甲一直对萧红有意，即使逃婚风波闹得人尽皆知，汪、张两家都在亲朋好友面前已颜面无存，对于这些，汪恩甲视而不见。他甚至不在乎萧红与陆哲舜的绯闻，瞒着汪家人只身来到哈尔滨找寻萧红。饥寒交迫的萧红走投无路，冰天雪地里看见了汪恩甲，虽然他有些不良嗜好，但确实是唯一肯来哈尔滨寻找自己的人，未婚夫的身份加上老乡的身份，让萧红很自然地走近了汪恩甲。

两人定下婚约之初，萧红并无异议，汪恩甲更是满心欢喜。据张家人回忆，汪恩甲相貌堂堂，学历背景和家世出身都算是当地数一数二的年轻人。萧红自幼敏感且情感丰富，两人有过一段短暂的交往。那时候汪恩甲在哈尔滨法政大学读书，同时有着小学教员的身份，他经常来萧红的学校探望她，萧红还为他织过毛衣表达好感，也向身边的好友谈及汪恩甲未婚夫的身份。萧红的出身较好，又有极高的文学天赋，她的眼光很高，之所以能够主动向未婚夫表达好感，这也说明了那时的汪恩甲是值得她这样做的。

两人在哈尔滨同居确实是萧红走投无路的被迫选择，也因为相信汪恩甲会继续供她读书的诺言。但这么火速地同居，对于萧红这种叛逆倔强的女子来说，接受与汪恩甲同居必然需要存在一种感情基础。可以肯定的是，萧红和汪恩甲之间是有过感情火花的，虽然无法判断那究竟是不是爱情，因为是彼此的初恋，姑且把它认定为青涩的爱情吧。

同样地，汪恩甲生命中若是没有萧红的出现，又会如何继续下去呢？汪恩甲离奇失踪的真实原因一直都在人们的考证中，汪恩甲乃至于整个汪家都散发着一种神秘的气息，让人看不见摸不到。

如果说端木留下身怀六甲的萧红独自一人面对武汉的战火是犹豫不定的一念之差，那么回家取钱的汪恩甲人间蒸发应该算是一种得过且过的无奈之举。

汪恩甲的父亲叫汪子勤，汪家是当地的望族。汪子勤生子三人，汪恩甲是家中幼子。汪恩甲的二哥汪恩厚也是大学学历，1945 年前还在哈尔滨教育界身居要职，他是弟弟与萧红的月老，也是后来执意拆散二人的主要当事人。汪恩甲虽然有工作，但是收入微薄，在经济条件方面不比兄长，而且他思想较为单纯，对家中的产业不是很感兴趣，所以他人生中很多重要的事情都是由兄长一人操办，当然也受制于兄长。汪恩甲的文人气质颇浓，早有留洋的想法，与萧红订婚后，他为了争取更多的相见机会，辞去了小学教员的工作，因为俄语基础较好，在 1932 年考入了法政大学的预科班。

所以可以说，汪恩甲与萧红两人是先订婚后恋爱的。

当初萧红逃婚的消息传遍了呼兰，人们对这个“任性胡为”的女子纷纷唾弃，汪家人更是对萧红的行为愤怒到极点。作为当事人的汪恩甲倒是没有很大的反应，他还是了解萧红的，所以对萧红的很多标新立异的行为都表示理解，而且还愿意牺牲掉一些东西去迎合未婚妻。后来陆哲舜不敌家人施加的压力带着萧红回到了呼兰，汪恩甲还不顾二人的绯闻，不计前嫌地接纳了萧红，直到萧红流落街头，两个人一同住进了东兴旅馆。

在旅馆的那段日子，两人还是度过了一段甜蜜的恋人时光的。汪恩甲信誓旦旦地承诺会供未婚妻继续读书，还商议着如何让家人重新接纳萧红。萧红发现自己怀孕后，面对无奈的现实，她不得不向事实暂时妥协，设想即便是做了汪恩甲的妻子还是可以继续完成学业的，况且身处于困境也只能退一步海阔天空。

不切实际的承诺说得掷地有声，彼此忘记了还都很年轻。汪恩甲在说出这些承诺的时候，在向萧红描述婚后美好生活的时候，相信他是真诚的。两个年轻人幼稚又沉迷幻想，他们都高估了家人对“反叛”行为的接纳度，也低估了逃婚风波对两家名声的恶劣影响，在那依然是礼数至上的时代，人们纷纷把可能会颠覆家族权威的自由思想赶进铁笼里封锁起来。

汪恩甲是爱过萧红的。他辞去工作去哈尔滨读书，受到萧红的影响心生留洋的想法，以及后来对逃婚之后的萧红仍然甘愿接纳，都可以体现出来。如果说爱是接纳与迁就、包容与理解的话，汪恩甲和萧红之间一定是有爱的。谁说年轻就一定是美好的？承诺太美，汪恩甲一遍遍给萧红描绘着美丽的梦幻，让身怀有孕的萧红选择了暂时的妥协，对婚后的安稳生活心生向往，对以后能在北平继续求学的未来充满了期待。

谁知竟是一朝春梦无痕迹。说到底，汪恩甲也是一个不果断、不彻底的“娜拉”，他的越轨行为不是为了追寻自由的天空，而是为了追随年少所爱。经济独立不分性别，作为男子的汪恩甲，标新立异的行为，同样得不到家族与社会的认可，只是汪恩甲所遭遇的千夫所指没有萧红受到的尖锐锋利。汪恩甲在经济上必须依靠家庭的支持，平日里在兄长面前也是一问摇头三不知，他有着旧式少爷的身份，同时有意无意地接受了一些新思想的熏陶，只是他不是热血青年，思想觉悟的高低对他而言无关紧要，梦想和追求都比不上夫妻的相敬如宾、举案齐眉重要。

萧红追求的是自由，汪恩甲追求的是萧红。

汪恩甲性情较为宽厚，但也怯懦，面对两难境地的时候，他一定会在未婚妻和家族利益之间选择后者。因为对于金钱，汪恩甲比萧红更敏感，毕竟他已经有过几年社会工作的经验，他知道若是失去了汪家的经济支援，他不过是另一个陆哲舜。

萧红的青春没那么荒草丛生、破败不堪，在没遇到萧军之前，没有成为萧红的张迺莹与汪恩甲同样有一段值得回忆的初恋时光。正常初恋时发生的事情，他们之间都有过。萧红在女子一中读书的时候曾为未婚夫写过情诗。

晚来偏无事

坐看天边红

红照伊人处
我思伊人心
犹如天边红

文笔虽然略显青涩，但是诗歌流露出来的思念恋人的少女心绪却完全是跃然纸上。

汪恩甲父亲去世的时候，萧红还以汪家未来儿媳妇的身份为汪父奔丧戴孝，因为这件事受到了汪家上下的一致认可。在2013年，关于汪恩甲后来的结局，经过相关人士的考证研究，有了新的进展。据汪恩甲的儿媳刘女士的回忆，基本上可以肯定汪恩甲回家筹钱被囚的事情，也就是说，汪恩甲抛弃孕中未婚妻只身离开的行为并不是刻意为之，更不可能是蓄谋已久。

洪水过后，汪恩甲被家人放出来，曾经回到东兴旅馆，但旅馆早已人去楼空，他和萧红的关系就这样终结了。失意的汪恩甲一个人回到了家乡，后来被家人安排出国留洋，某种程度上而言，汪恩甲的留洋行为也算是完成了他和萧红的部分心愿，若是以善意的眼光去看，汪恩甲是一个人完成了两个人的心愿，他是代替恋人实现了当初的渴望。1937年的秋天，汪恩甲从国外返家，来到了阿城，也就是他堂侄女的家。据堂侄女回忆，汪恩甲身穿翻毛领皮大衣，头戴西洋风格的高顶礼帽，身高有一米八的他显得非常气派，俨然一副留洋高才生的样子。汪恩甲还给几个堂侄女都取了西洋风格的名字，而且言谈之中能够感受到他对多国语言都很精通。日伪时期，作为文化素质很高的青年，他表现出了一定的气节，没有出任任何官职，躲在家里靠翻译外国书籍度日。堂侄女的名字中有一个“迺”字，这个比较罕见的汉字正是叔叔汪恩甲亲自选的，后来堂侄女还因为这个生僻的字在上户口等问题上非常尴尬，名字中带有生僻字在生活中产生了很多困扰，所以她还埋怨过汪恩甲。萧红原名张迺莹，汪恩甲的寓意不言而喻，说明他从未忘记过初恋，怎奈性格软弱，乱世中遭遇横祸，他也只能用这种方式祭奠死去的爱情。

汪恩甲在 1932 年与萧红分手，大约于 1933 年成婚，1949 年左右病死于狱中，原因不明。局外人不知后来的汪恩甲是否知道萧红就是张迺莹，总之他和萧红做出了相同的决定，就是将这段无疾而终的初恋沉埋心底，直到离开人世，这段神秘的初恋终究是一个难解的谜团。遭遇困境的萧红曾天真地以为汪恩甲是汪洋中的一棵稻草，当然汪恩甲也十分乐意当这棵稻草，可是稻草根基不深、漂浮不定。

经济不独立就没有自由选择的权利，汪恩甲如此，陆哲舜也是如此。他们也曾效仿“娜拉出走”，结果一个堕落至吸食鸦片，另一个则低头回家，继续从前厌恶至极的生活。

年少的我曾对你付出过真心，为你写过情诗，为你织过毛衣，与你一起幻想过子女承欢膝下的安稳婚姻。经过时间的淘洗，经过多年朝不保夕的战火人生，萧红已经渐渐淡化了对汪恩甲的恨意。萧红的心宽容似海，虽然关于汪恩甲回家被囚的事情只是个人证言，但笔者愿意相信这是事实，相信萧红也懂得汪恩甲不是刻意抛弃孕中的自己，他的失踪定是存在其他不为人知的无奈原因。

既然从前的张迺莹已经“死”在了过去，那就让这一段无疾而终的苦涩初恋沉没在彼此的心海里，今生来世，都再无提及。如果你是条船，如果我是大海。

眼见他起高楼，亲眼看见他宴宾客，眼见他的楼塌了。

四、同情与崇拜——四十四天，一世流年

骆宾基是在萧红生命接近终结的时候出现在她的身边的，他比萧红小六岁，是萧红弟弟张秀珂的好友，也是萧红抓住的最后一棵稻草。在与病重的萧红朝夕相处的四十四天里，姐弟之间谈文学创作，谈人生理想，从中国谈到外国，从儿时回忆到现在。几十年来，骆宾基与萧红的关系，因为隔着层层迷雾，被过度放大猜测。这位仰慕才女姐姐的弟弟起初是因为人道主义的关怀精神同意留下来与萧红夫妇共渡难关的，当然还出于一定程度上的报恩心理，因为骆宾基到港之初，初来乍到的他没有工作，身无分文以至于无处容身，身为文坛前辈又是东北老乡的端木蕻良给了他很多帮助，他也是从那个时候与萧红渐渐熟悉起来的。朝不保夕的战乱时期，这种共患难的勇气显得弥足珍贵。

骆宾基是在 1941 年的中秋节结识端木的，年仅二十四岁的他已经小有名气。端木看过他的作品《边陲线上》，对这个年轻有为的理想青年印象深刻。为了解决骆宾基的生计问题，端木写了推荐信把骆宾基介绍给了时代书店的林泉和张慕辛，又给周鲸文打电话请他帮忙安排骆宾基的住所。在端木的帮助下，骆宾基就搬到了张慕辛的宿舍居住。走过风浪的作家都有一颗宽广的容人之心，也具备敢于提携后辈的勇气。端木特意

把自己的《大时代》撤换下来，在自己主编的《时代文学》中刊登了骆宾基的长篇小说《人与土地》，这让举目无亲的骆宾基深为感动。

骆宾基，原名张璞君，祖籍山东平度，1917 年出生在吉林省的珲春县。骆宾基的父亲是一名经营茶叶的商人，家境比较殷实，但是在骆宾基十岁之前，张家便家道中落了。他与二萧之间存在着一种别样的缘分，骆宾基曾赴哈尔滨学习俄语，为的是日后留学苏联。他在哈尔滨结识了金剑啸等一大批热血青年，在求学期间就曾听说了萧红的名字，知道《生死场》是由鲁迅先生作序推荐的。二萧的文学创作传奇也极大地鼓舞了年轻的骆宾基，他自幼思想觉悟极高，初入学时就发出过坚决不做亡国奴的感叹。抗日救亡运动风起云涌，骆宾基开始创作长篇小说《边陲线上》，并把一部分书稿寄给了身在上海的鲁迅先生，却未等到先生的回信，就在报纸上看见了先生与世长辞的噩耗。骆宾基身负巨大的悲痛和失意继续从事抗日救亡运动，用自己的笔杆子与侵略者对抗，并在浙江一带积极宣传抗日思想。后来，他只身一人前往上海，因为志同道合，他与萧红的弟弟张秀珂结下深厚的友情，所以初见病重的萧红时，因为身为弟弟的好友，引发了萧红的身世之感，也让内心孤寂彷徨的萧红体会到了难得的亲切与温暖。

很多的影视作品将骆宾基塑造成了萧红的最后一个情人，特殊时期的患难与共自然是舍己救人的义行，但是基于此就将二人的深情厚谊过度演绎成男女之间的恋情，实是勉强，也是狭隘了。萧红在奄奄一息的状态下垂死挣扎，她确实是一个情感丰富、内心敏感的女子，但她的情感还没有泛滥到不分时间、场合的地步。

萧红病重住院期间，端木“神秘失踪”过两次，在端木不在的时候，窗外是枪炮声不断、狼烟逼近的惨状，窗里是骆宾基与萧红在特殊时期亲切交谈的景象。萧红在极度虚弱的时候，她的内心更加冷寂茫然，她知道自己命不久矣，所以丝毫没有掩饰焦躁卑微的状态，她不自觉地向骆宾基说了很多自己过往的经历，她的祖父和父亲、她和鲁迅先生夫妇的缘起、她和萧军的相互折磨……萧红一口气说了很多很多，好像是要拼命抓住时间的尾巴——惧怕时间太快，他们会在顷刻间被炸为乌有；惧怕时间太慢，这个肯冒着生命危险答应留下来照顾自己的弟弟会突然一走了之。所以萧红几乎是把可以说的往事都事无巨细地给骆宾基回忆了一遍。

在床前静坐的骆宾基听到这些跌宕起伏的经历，心中像是生了刺一样的疼痛，心想比起萧红的遭遇，自己的失意看起来那么不值一提，可萧红从没有向命运低头，她还与他一起畅想了未来的文学创作计划，萧红说她会继续写《呼兰河传》的第二部，会完成《马伯乐》三部曲。骆宾基知道，萧红是不会甘心就这样不清不楚地告别她眷恋的人间的，可他又何尝不知道萧红的身体状况，看到萧红那一张对未来满怀憧憬的脸，骆宾基不忍多说一句，只陪着萧红一起粉饰她的不可能完成的梦想。

期间端木不止一次去向不明，没有任何行动能力的萧红不免向骆宾基抱怨几句。她肯定是不可能想要与端木蕻良分开的，但又不知道他是不是已经离港，又想起从前生活中替丈夫承受的痛苦和压力，萧红把骆宾基当作了自己的亲人，所以说了很多与端木相处的困惑。枪炮无眼，终日被硝烟笼罩的香港，不要说奄奄一息的病人，就连像骆宾基这样的健康人，在面对战火的时候，都是一样的无助茫然。可身为丈夫的端木在妻子病重期间竟然频繁外出，不知道他什么时候离开的房间，也不知道什么时候就突然出现在萧红的眼前。他性格犹豫软弱，做决定的时候缺乏果断，稍有特殊的情况就显出六神无主的焦急样子，分明是一个没有长大的男孩。看到可怜的萧红，骆宾基昼夜不眠地细心照顾，虽然年轻，却也早已身心俱疲，所以萧红的埋怨和自己的不解融合到一起，骆宾基对端木蕻良再无好感。

“我不理解，你怎么能和这样的人在一起生活了三四年呢？这不是太痛苦了吗？”

“筋骨若是痛得厉害了，皮肤流点血也就麻木不觉了。”

萧红面对骆宾基的疑问给出这句回答，总让人与萧军联系起来，其实萧红的意思并不一定事关萧军，命不久矣的她恐怕是没有心情在那种危亡的状态下去比较前任与现任的好坏的。这里的“筋骨之痛”应该指的是生活中的困苦与流亡中的经历，当然还有流离失所中的爱情。就在两人交谈的时候，端木竟然回来了，这让两人都很意外，因为他们以为端木再也不会回来了。进来的端木手里拿了两个苹果，他把苹果和柳亚子给的四十元美金一并放在了萧红旁边的床头柜上，然后拿走了萧红的痰盂去洗，几个人简单地交流了几句，端木不知原因地又不见了。这次萧红彻底失望了，她断定端木抛下了自己一个人准备突围了，可没想到端木消失了一周之后又再次出现在了萧红的面前。三个人又走到了一起，并肩作战，端木经常在晚上用酒精炉给萧红做饭，骆宾基就坐在萧红的身边听她讲《望花筒》的故事。

12 月 18 日这天夜间，思豪大酒店的六楼被突如其来的炮弹炸塌，整个酒店都强烈地晃动起来，端木从地上爬起来跑到床上抱紧惊慌失措的萧红，骆宾基则匆忙跑出去寻找转移萧红的地方，然后他跑进门来告诉端木酒店的人都在往半山别墅跑，就和端木一起抬着萧红往山上狂奔。战况仍在升级，三人在空别墅里躲避半天后，通过于毅夫的协助，四个人一起奔向周鲸文的家中避难。不久骆宾基和端木又抬着萧红转移到了告罗士打酒店，却不想酒店又被日军占领，于是抬起萧红辗转到了时代书店的书库里暂时休息，后来骆宾基与端木抬着萧红分别从养和医院转移到了玛丽医院，从玛丽医院又转移到了法国医院，最后到了女校的临时医疗救助站。在萧红去世后，骆宾基依旧不离不弃，陪着端木办理火化手续，两个人一起把萧红安葬在了浅水湾。至此，骆宾基从答应留下来照顾萧红起，一直到萧红与世长辞的四十四天里，骆宾基信守诺言，对病重的萧红不离不弃，两人萍水相逢的友谊已经上升至血浓于水的亲情高度。

萧红对骆宾基自然是感激不尽，她曾留下遗言给丈夫端木：

第一件事是作品的版权问题。萧红提出要把《生死场》的版权赠予骆宾基，以此来报答他为自己所做的一切。端木则认为《生死场》篇幅较短，又经过多次再版，版税并不多，不如把《呼兰河传》的版税赠予骆宾基，《呼兰河传》的版税比《生死场》丰厚一些。萧红觉得端木言之有理，所以便当面把这个决定告知了骆宾基。

第二件事是有关萧红的安葬地点。萧红希望埋在鲁迅先生的身旁，端木也答应她会全力以赴实现她的遗愿。

最后一件事就是萧红的第一个孩子，也就是她和汪恩甲所生的女儿。她恳求端木若是将来条件允许，希望他帮忙找到这个孩子。对于身后之事，萧红安排得很清楚，那时她的意识还很清晰，虽然明知命不久矣，但是大概也还是不愿意相信自己真的会这么轻易地离开人世。

得知萧红断气的一瞬间，在端木还没有在现实中反应过来的时候，骆宾基的眼泪已经漫了出来，任凭泪水沾满了脸，他走在乱糟糟的街上，抬头注视着萧红病房的窗子。

其实萧红在骆宾基脑海中的印象是慢慢清晰起来的。在没见到萧红之前，在没了解过萧红本人的时候，骆宾基曾和其他人一样，以为萧红是一个情感生活丰富的女作家，是一个性格软弱且毫无主见的弱女子，是在爱情路上一错再错的自我牺牲者。直到亲眼见到传闻中的萧红，以往所有的印象都被击碎，原来萧红是一个比男子还要强悍的女子，她对于写作的虔诚让他望尘莫及，被疾病折磨得痛不欲生，眼神里仍然发出虔诚的光芒，这种光芒让她整个人看起来都熠熠生辉，竟然不像一个在战火中垂死挣扎的流浪者。

与萧红相识的时候，骆宾基虽然已有作品出版，但在前辈萧红这里，他还是一个新人作家。因为有了这最后的缘分，他的崇拜感更加强烈，尤其是同情掺杂着仰慕，使得他在以后的岁月里不断地回忆着与萧红患难的四十四天。他成了第一个为萧红写传的作家。

萧红最后的情感归属到底是何人，传闻称是与她生死不离的骆宾基，尽管骆宾基在《萧红小传》中澄清了与萧红的绯闻，但是这些传闻还是在不断地演绎下去。其中一个很重要的原因，就是萧红说的那句“等我病好了，我跟你走。”问题就在于这个“走”字，一个走字不能代表爱情，也不能显示出萧红的情感归属，这个字的含义应该事关理想而非爱情。骆宾基虽然是最晚出现在萧红身边的人，但却是很懂她的人，懂她的脆弱，更懂她的坚强，此外两人的文学创作也是志同道合，骆宾基的东北老乡与弟弟好友的身份加在一起，让脆弱无助的萧红有了想亲近、依靠的感觉。

姑且认为萧红说过，可是却只能止步于“当时情况”的“当时之语”。伤口重度感染外加浑身滚烫，萧红早就处于时有意识不清的阶段，以为端木抛弃重病不起的自己，一个将死之人，她的精神世界一片荒芜，唯有眼前的骆宾基苦苦陪伴，她难免心生感动。骆宾基是弟弟的好友，又对自己不离不弃，友情已经上升至亲情。骆宾基虽是一个外人，却肯留下照顾她，这不是和平年代的护理，这是置自己的生死于度外的义举，这份情谊不知如何表达，意识混乱的病人说出相依为命的话语也是有可能的。

那样的女子是极度惹人心疼的，既然疼痛的感觉那么清晰，又何必把这些意识不清的胡乱之语随心散出去呢？骆宾基的主动是否显得多余，不在此做更多的猜测，相信萧红本人也不会在意。

与萧红的短暂相处，在骆宾基的生命中有着永恒的意义。这也许连他本人都不能理解，局外人更说不清楚。互知互怜的同情、弟弟对姐姐的心疼、新人对前辈的崇拜，都汇聚到了一起，成为一种情感上的投射。这样才气纵横的萧红，一定是理想信念坚定的骆宾基一直想成为的人，在以后的岁月长河中，骆宾基也不曾淡忘萧红与自己的情谊，并把这种情谊化作了创作的动力，这动力也算是萧红对骆宾基最珍贵的馈赠了。

四十四天，一世流年。

五、亲情与尊严——她是我错过的曾经

萧红的心里一直装着一个人，即使在自身难保的艰难岁月中会不经意忘记他，但他仍然会出现在萧红的梦里。其实这个人已经先于萧红离世，但是在梦里梦外，萧红还是会在他的身上寻找属于自己的影子，他的存在让萧红对爱情与婚姻、对明天与未来都有所期待，即使他从未出现在萧红的明天里。这个人是鲁迅，是抚平萧红内心伤痛的知己，是唤醒萧红文学生命的恩师。只有在鲁迅这里，萧红才会认为自己是一个独立的女性，鲁迅给了萧红终生追逐的尊重，给了她一个争取平等的舞台，甚至弥补了萧红缺失的父爱与母爱。

鲁迅的存在，无疑是填补了萧红残缺不全的亲情空白。若是谈到亲情与家庭，就不得不把时光再拉回到萧红的童年。除了后花园以外，家庭对于萧红而言到底是怎样的一种存在，就要从萧红呱呱坠地那天谈起。

萧红的生母姜玉兰过世较早。“出嫁从夫”，因为丈夫张廷举重男轻女观念的影响，姜玉兰把更多的注意力集中在了儿子张秀珂身上，萧红受到了冷落，成长过程中缺少母爱的滋养，萧红的母爱是残缺不全的。比起父母的打骂训斥，冷落与忽视在亲情关系中的杀伤力才是最大的。

生母去世后，梁亚兰作为继母，她的处境进退维谷，姐弟二人对继母有着天然的敌对心态，孩子们都不愿意看到自己的亲生母亲被人代替。母亲去世后，姐弟俩把对爱的期待转向父亲，可是张廷举对儿女的态度不必多提，况且继母还带来了她在别家生下的孩子。萧红性格倔强，做不来整日对继母笑脸相迎、讨得欢心的事情，所以得不到继母的喜爱也是很正常的事情。

萧红父母的婚姻，在时代的局限性和陈旧的观念的影响下，父亲张廷举当然是凌驾于家中所有人之上的统治者和决策者。这样蛮横强势的父亲，这种高压家庭，做女儿的境况会惨不堪言，要么轻而易举地就爱上对自己稍有奉献的男子，要么会对所有男性产生极大的偏见，永远都不信任男性。

在张父的管教之下，萧红被至高无上的父权意识终日压迫，她不计代价地去摆脱父亲的压制，而鲁迅却不是一个家庭的统治者，在许广平这里，鲁迅是一个好丈夫；在儿子周海婴这里，鲁迅是一个慈爱的好父亲；在学生们的面前，他是一个博学多识且拥有海纳百川之心的好恩师……鲁迅在萧红的眼中，他就是家庭的守护者，是学生的引路人，是自己的守护神。

鲁迅给了萧红充分的尊重，让萧红感受到了身为女作家的尊严，萧红独特的经历加上她天生的创作才华受到了恩师的肯定。若以写作才华论高低，她比萧军更有优势，若是一个女子的优势被强制性地无视，这一定会造成师生关系中最残忍的失败。鲁迅不止一次地在公开场合中肯定萧红的文学成就，对于萧红这个学生，鲁迅一改往日里严肃的风格，丝毫不吝啬对萧红的夸赞。他曾对来访的记者预言，萧红是目前他接触的青年作家中最有前途的女作家，她很可能会成为丁玲的后继者，而且她接替丁玲的时间，要比丁玲接替冰心的时间早得多。在《生死场》出版之后，鲁迅家中的书桌上总会备有几本，当来访者探望他的时候，他就会大力地向对方推荐这部由自己作序的《生死场》。鲁迅评价道："北方人民对于生的坚强，对于死的挣扎却往往已经力透纸背；女性作品的细致的观察和越轨的笔致，又增加了不少明丽和新鲜。"

鲁迅与萧红的日常相处，既像是父女，又像是师生。萧红觉得他们的关系更像是祖孙，因为萧红觉得天下没有那么好的父亲。这在萧红“使小性子”索要恩师亲笔签名的时候可以观察出一二。鲁迅先生交给萧红《生死场》的序言，应该是由许广平代为誊抄的，所以上面没有先生的签名，萧红看到萧军和叶紫都有先生的签名还吃起他们的醋来，所以也要写信给鲁迅索要签名。鲁迅立刻回复了她，不仅附上了亲笔签名，还写了一段话给她：“我不大稀罕亲笔签名制版之类，觉得这有些孩子气，不过悄吟太太既然热心于此，就写了附上，写得太大，制版时可以缩小的。这位太太，到上海之后，好像体格高了一点，两条辫子也长了一点，然而孩子气不改，真是无可奈何。”

信中“孩子气”“无可奈何”等字眼，就像是父亲在对待一个向他撒娇的女儿，字里行间中可以说明他们师生之间的关系很是融洽。值得注意的是鲁迅使用的称谓，他称呼萧红为“悄吟太太”，这个称呼是礼节的体现，亲切而不亲密，正是师生关系中最完美的相处状态。

后来，因为先生被疾病困扰，为了减少先生回信的劳累，同时二萧觉得自己是身强体健的年轻人可以帮助先生一家做些力所能及的家务，他们就搬到了北四川路的丰乐里，这样离鲁迅的家更近了。鲁迅很喜欢吃萧红做的饺子和韭菜盒子，萧红和萧军每次去周宅都要带一些食物，有一次萧红带了烧鸭的骨头，许广平把它做成了黄豆芽鸭汤。几个人聊得多了，就连萧红的衣着饰品也可以谈论一番。一次萧红穿上新买的衣服来到先生家中，红色的上衣搭配了一条咖啡色的长裙。

“周先生，我的衣服漂不漂亮？”

鲁迅从上往下看了一遍，说了句：“不太漂亮。”不一会儿又接着说，“你的裙子配的颜色不对，红上衣要配红裙子，不然就是黑裙子，咖啡色的就不太行了；这两种颜色搭配到一起很浑浊，人瘦不要穿黑衣裳，人胖也不要穿白衣裳……”

听到这样的点评，萧红很惊讶，她竟不知道先生对女性的衣着装扮也是如此在行。师生之间的交谈没有冷场的时候，萧红在先生面前就是一个不谙世事的小姑娘，她一见到先生，嘴巴就会说个不停，好像存了很多问题要先生来解答，问题一个接着一个，永远都问不完。有时候有的问题把鲁迅也弄得哑口无言、不知如何应答，但是两人也不觉得尴尬，话题进行不下去的时候会自行转移话题，或者是相视一笑。鲁迅的儿子也很喜欢萧红，每次萧红去周宅的时候，小海婴总会拉着萧红到院子里陪他一起玩。鲁迅问儿子："你为什么喜欢她呢？不喜欢别人？"海婴说："她有小辫子。"

萧红对小孩子是有着浓厚的兴趣的，而且她的笑容看起来很温暖，身上自带一种与生俱来的亲和力，让小孩子们都很喜欢接近。

不论是从文学上还是从生活上，可以说鲁迅做了他能为萧红所做的一切：他介绍上海的文艺界人士给萧红认识，后来这些朋友都与萧红保持了终生的联系；他放下身段请朋友帮忙出版萧红的作品，还大力向周边的人推荐萧红的新书；他在经济上也给了萧红一定的支持；在二萧感情出现问题的时候，已经极度虚弱的鲁迅还不忘开导情绪抑郁的学生，帮她参考留学的地点，替学生做好旅日以后的生活规划……萧红与萧军感情陷入迷茫的那段时期，萧红心中苦闷，无处可去，她就会去先生家，在先生的书房里发呆，一坐就是一整天。她已经把先生的家当成了自己的心灵港湾，把先生当成了自己的祖父来看待。

老师对学生的影响仅次于父母对儿女的影响，在师生关系中，女教师的身份可以被看作是母亲，而男教师的身份可以看作是父亲。在与恩师鲁迅相处的过程中，萧红将鲁迅的外在光环淡化了，而是把鲁迅对她的欣赏和尊重视为生命中最神圣的馈赠。在萧红的心里，这些欣赏和认可、尊重和抬爱都是无比神圣的东西。若是和一个人交流，无论交流什么内容，谈完总会让原本开怀的心情变得愁云惨淡，那还会有交流沟通的欲望吗？避而远之才是避免尴尬的唯一选择。鲁迅与萧红的相处模式，无论是对萧红来说，还是对鲁迅来说，他们之间的交流是非常轻松诙谐的，是舒服的。

那么，萧红的出现对鲁迅来说究竟意味着什么呢？为什么鲁迅唯独对萧红这个学生“情有独钟”呢？鲁迅成就了萧红的作家身份，也很大地影响了她的创作理念，是鲁迅成就了作为文学天才的萧红。

鲁迅弥补了萧红父爱的缺失，也让萧红对祖父的情感得到了寄托。祖父的后花园是个可以尽情做梦的地方，鲁迅先生的家也是一个可以释放抑郁情绪的地方。

原来亲情是可以和血缘分开而论的。

我注视到了你，不是因为你的才华多么超凡脱俗，遗世而独立；我帮助了你，不是因为爱而不得的恩惠，也从没想过要索取；只是在你的身上看到我理想世界里青年应该有的气质，看到我曾经的青春，看到那些年错过的自己，仅此而已。

一片荒芜的情感世界，寸草不生的贫瘠土壤，你从那里一走过，就让万物蓬勃生长。

第四卷 再听已是曲中人

一、罗生门里的萧红

（一）她为什么拒绝成为母亲

关于萧红第二个孩子的结局，产生了众多的罗生门。对此，萧红自己的说法是孩子在夜里抽风而死，可是根据白朗等人的回忆，局外人似乎不能完全信任这种说法，坊间甚至流传着一种恐怖的传闻，孩子是被萧红亲手杀死的。其实孩子的结局无非是两个，一个是真的如萧红所说，孩子死于急症，另一个就是孩子被悄悄送人。萧红杀死自己孩子的可能性极低，甚至可以说为零。

萧红在北平与舒群等人散步的时候，曾几次驻足在童装店窗前发呆，她在思念她的女儿，那个在自己贫困交加中无奈送人的女儿，直到临终之前还不忘恳求端木要找到这个孩子；她与端木在重庆歌乐山居住的时候，内心孤寂的她经常去保育院看望战火中失去亲人的孤儿们，并为这些孩子创作了很多文学作品；她在鲁迅家中最爱与周海婴玩耍……这些都可以反映出萧红对孩子的爱。时刻关怀苦难中挣扎的人类的大地之母怎么可能亲手杀死自己的孩子。

笔者倾向于她与萧军的孩子死于急症的说法，也就是萧红自己的解释。据白朗回忆，孩子生下的当天还很健康，莫名其妙地死去似乎过于突然。但是要知道这个孩子可是陪着萧红一起躲过无数枪炮，从武汉一路奔波至重庆的，期间萧红曾以为孩子会流产，而且萧红怀孕的时候正是她与萧军互相折磨的时候，一方面要躲着战火，另一方面萧红的内心还在经受痛苦的打击和折磨，她的心情状况低落到极点，所以孩子看似是莫名其妙地死去，实则是有原因的。另外特殊时期的医疗条件比较差，萧红孕期检查也不像现在那么全面，况且战乱逃难也没有条件。

其实之所以会有萧红杀子的传闻，很大程度上是因为她本人对于孩子死亡的冷漠态度，成为母亲的萧红为什么对自己的孩子这么缺乏怜爱呢?

萧红的父亲张廷举的重男轻女观念一直很强烈，这不仅表现在他对待自己儿女的态度上，还把这种陈旧的观念传达给了整个张氏家族。比如，在入学问题上，张父对于儿女的区别对待就十分明显，萧红在“升学风波”中与父亲据理力争，因为她发现家族中的男孩子有很多人在哈尔滨求学，为什么自己就偏偏不行。家族中的女性们自幼就知道女孩子在家里天生处于劣势地位，所以对于失宠、被冷落、被放弃的态度和行为也没有很大的怨气。一个女孩子在生下来就默认了自己的“第二性”地位，并且不认为这是一种不合理的观念，也从未想过要去改变，这才是最悲哀、最可怕的事情。只是萧红在面对这些不公平对待的时候，她比家族中的其他女孩子的反应激烈。

没有人愿意接受位居人下的从属地位，在萧红的意识里，她把婚姻和生子分开来看。年幼时缺乏父爱与母爱，也没有得到正常的家庭温暖，所以她需要给自己无处安放的丰富情感找一个归属地，所以她并不抗拒爱情，也就不抗拒婚姻。但是她明显是拒绝成为母亲，她很抗拒扮演母亲的角色，也没有成为母亲的欲望，但这不代表她没有母性，这从她在歌乐山居住的时候与孤儿们的相处就可以知道她对儿童有着近乎使命感的怜爱。

萧红知道生而为女人的艰难，这些感受均来自于她自己的亲身体验，她不想把痛苦和煎熬世代相传，不愿意看到女儿走上自己的老路，那样会比自己受苦更让她痛不欲生。萧红自小在重男轻女观念里备受摧残，所以她不想成为男人的生育机器。《生死场》就是女人的生死场，就是女人肚皮上的生死场，书中女人的生育过程不是被当作具有创造性的伟大壮举来看待的，而是为了迎合丈夫使自己在家中生存下去必须要完成的义务。

女人的肚皮上发生了这么多的血雨腥风，萧红怎么还可能愿意接受一个母亲的身份？

（二）她与陆哲舜的情感纠葛

陆哲舜的母亲是萧红的一个远房姑姑，所以陆哲舜算是萧红的表哥，两人之间的绯闻亦真亦假，真的是陆哲舜单方面的思恋，假的是萧红对于这位表哥的感情仅仅止步于好感和一点点的崇拜，还无法上升至男女之间的爱情。

陆哲舜年长且学历颇高，一心求学的少女萧红听他信他。

陆哲舜是萧红年少时期的一朵烟花，他在萧红向往的自由天空里绚丽绽放，发出耀眼的光芒，但是也在一瞬间消失在夜空中。与汪恩甲、萧军或是端木相比，陆哲舜算不上是萧红抓过的稻草，他只是一颗滑落的流星，昙花一现的青春冲动。萧红肯和他一起前往北平，原因更多的是萧红对于求知的渴望，这段关系中存在着迷恋，只是这种迷恋不是对表哥的迷恋，而是对自由的迷恋，萧红迷恋的只是那时的自己，因缘际会中遇见了志同道合的表哥。

表哥果然是一朵烟花，夜空中绽放的时候给了萧红希望，但是光芒褪去的时候和汪恩甲一样灰头土脸。陆哲舜等同于汪恩甲，甚至还不如汪恩甲，他也是封建家族的妥协者，并不能带给萧红一个强大的希望。绕过一个又一个，过尽千帆皆不是，萧红注定要一个人走完生命的全程。

（三）她究竟死于什么疾病

可以肯定的是，萧红并非是死于结核病，因为她痰液的检测结果是无菌的，因庸医误诊，错动手术。另有一种说法是，无良医生的刻意欺骗。萧红病情加重后，她的呼吸不畅，若以现代医学眼光来看，她的呼吸困难很可能是因为上呼吸道的重度感染所引发的炎症。萧红被医生误诊为喉管结瘤，错动手术后伤口感染不能愈合，为了避免粘连，萧红被迫带上了金属呼吸管，不仅无法正常讲话，还不能饮食。

日军侵入香港后，四处燃起战火，萧红在奄奄一息中被转移多次，她的情绪抑郁，而且一直高烧不退。在枪炮声的惊吓中，无法饮食的重病患者继续颠沛流离，萧红的求生意志被消耗殆尽，最终因为多器官衰竭病逝于香港。

（四）魂归何处

1942 年 1 月 22 日，萧红病逝于香港的圣士提反女校临时医疗救助站，根据她的遗愿，端木将她的一部分骨灰放入了瓷瓶中，安葬在浅水湾上的一个小花坛里，将另一部分骨灰放入第二个瓷瓶安葬在圣士提反女校的后山上。1957 年 8 月，经过多方协调，萧红在浅水湾的骨灰被迁回广州银河革命公墓安葬。1977 年后，端木数次托付朋友前往香港圣士提反女校的后山寻找萧红的另一部分骨灰，但因为年代久远，后山丛林茂密，难以辨认具体位置，至今未曾找到。

值得注意的是，萧红在家乡黑龙江哈尔滨的呼兰有一座青丝冢，墓葬里安放的是萧红的一缕青丝，是端木珍藏五十年的青丝。相信以这种方式魂归故乡的萧红是十分乐意的，她辗转多地，却从未忘记过故乡，她永远都是呼兰河的女儿。

人赏奇文，证才气纵横，亦遭天妒；魂归乐土，看山河壮丽，待与君同。

二、“文学洛神”的三十一年

（萧红大事年表）

年份	年龄	事　　件	作品
1911 年	1 岁	出生于黑龙江省呼兰府城，乳名荣华，学名张秀环	/
1912 年	2 岁	祖父张维祯对其爱护有加	/
1913 年	3 岁	后花园的童年时光	/
1914 年	4 岁	母亲姜玉兰生子，取名富贵	/
1915 年	5 岁	弟弟富贵夭折	/
1916 年	6 岁	二弟张秀珂出生，外祖父姜文选将萧红学名改为“张迺莹”	/
1917 年	7 岁	搬去与祖父同住，在祖父的影响下开始背诵《千家诗》	/
1918 年	8 岁	有意识观察生活中的细节	/
1919 年	9 岁	母亲病逝	/
1920 年	10 岁	进入龙王庙小学读书	/
1921 年	11 岁	升入初小二年级	/

续表

年份	年龄	事　件	作品
1922年	12岁	升入初小三年级	/
1923年	13岁	升入初小四年级	/
1924年	14岁	进入呼兰县第一高等国民小学校，读高小一年级	/
1925年	15岁	转入呼兰县第一女子初高两级小学，读高小二年级	/
1926年	16岁	读高小三年级	/
1927年	17岁	进入东省特别区第一女子中学	/
1928年	18岁	父亲张廷举出任呼兰县教育局局长	/
1929年	19岁	与汪恩甲订婚	/
1930年	20岁	初中毕业，出走北平，在北师大附中读高中	/
1931年	21岁	流落街头；与汪恩甲住进东兴旅馆	/
1932年	22岁	汪恩甲失踪，求助《国际协报》；与萧军热恋；在东省特别区市政管理局市立医院产下一名女婴，后送人	诗歌《可纪念的枫叶》《静》《春曲》等
1933年	23岁	开始文学创作，并与萧军合著《跋涉》，奠定了在东北文坛的地位	散文《弃儿》、短篇小说《腿上的绷带》、散文集《跋涉》等
1934年	24岁	前往青岛，与鲁迅取得联系	中篇小说《生死场》等
1935年	25岁	《生死场》出版，闯入上海文坛，一举成名	散文集《商市街》等
1936年	26岁	与萧军的感情出现裂痕；前往东京；恩师鲁迅病逝	散文《永久的憧憬和追求》等

续表

年份	年龄	事　　件	作品
1937 年	27 岁	前往北平；《牛车上》出版；与萧军的感情继续恶化，并开始《呼兰河传》的写作	散文《万年青》等
1938 年	28 岁	参加《七月》座谈会；前往山西临汾民族革命大学任教并结识丁玲；与萧军正式分手，与端木蕻良在武汉举行婚礼；后在江津产下与萧军的孩子，孩子夭亡	剧本《突击》等
1939 年	29 岁	在重庆菜园坝、巴县歌乐山、北碚东阳下坝、北碚黄桷树居住	散文《回忆鲁迅先生》等
1940 年	30 岁	到香港；在纳士佛台、乐道、沙田道风山居住	短篇小说《旷野的呼喊》、长篇小说《呼兰河传》、散文集《萧红散文》、剧本《民族魂鲁迅》等
1941 年	31 岁	《马伯乐》开始连载；《呼兰河传》出版；病情加重，住进玛丽医院；日军进攻香港，战火四起	短篇小说《小城三月》等
1942 年	32 岁	1 月 13 日在香港养和医院被误诊做了手术；1 月 22 日上午在圣士提反女校临时救护站病逝	

参考文献

［1］葛浩文．萧红传［M］．上海：复旦大学出版社，2011.

［2］骆宾基．萧红小传［M］．哈尔滨：黑龙江人民出版社，1980.

［3］钟耀群．端木与萧红［M］．北京：中国文联出版公司，1998.

［4］叶君．从异乡到异乡：萧红传［M］．北京：中国社会科学出版社，2009.

［5］袁权．萧红全传：从呼兰河到浅水湾［M］．北京：中国青年出版社，2011.

［6］季红真．呼兰河的女儿：萧红全传［M］．北京：现代出版社，2011.

［7］绀弩．在西安［N］．新华日报，1946-1-22.

［8］章海宁．萧红画传［M］．哈尔滨：黑龙江大学出版社，2011.

［9］萧红．呼兰河传［M］．北京：中国青年出版社，2008.

［10］萧红．回忆鲁迅先生［M］．北京：生活·读书·新知三联书店，2014.

［11］黄淑英，萧耘．二萧与裴馨园［Z］．哈尔滨：黑龙江人民出版社，1982.

［12］卢玮銮．萧红在香港发表的文章［Z］．哈尔滨：黑龙江人民出版社，1982.

［13］石若轩．愿你所有孤独，都光芒万丈：张爱玲的 2020［M］．武汉：武汉大学出版社，2018.

［14］曹革成．我的婶婶萧红［M］．吉林：时代文艺出版社，2005.

［15］端木蕻良．科尔沁旗草原［M］．南京：江苏文艺出版社，

2010.
[16] 端木蕻良. 曹雪芹［M］. 北京：北京出版社，1980.
[17] 端木蕻良. 初吻［M］. 北京：华夏出版社，2010.
[18] 丁玲. 风雨中忆萧红［J］. 谷雨，1942，5.
[19] 袁培力. 萧红年谱长编［M］. 西安：陕西人民出版社，2019.
[20] 颜坤琰. 血与火的年代：文学家在重庆的抗战岁月［M］. 北京：作家出版社，2013.

后记：你从红尘最深处走来

现在是满屋月亮，也是满身疲惫。可以这样说，比起对张爱玲的一见钟情，我对萧红的感情用“日久生情”来形容，似乎更加贴切。萧红这个名字第一次进入我的视野，是在我刚刚踏入高中校园的时候，我一直都在有意无意地留心记录有关她的点点滴滴。能够有机会用我不成熟的思想重新塑造文学洛神的形象又是缘分的恩赐，甚至也同样是一种前世今生的相遇。在即将走出大学校园的前夕，我好像是惧怕抓不到青春的尾巴，怕时间过得太快，又厌倦时间过得太慢。《心怀所爱，无畏山海——萧红的绝世飘零》是在2018年的11月1日正式杀青的，这天刚好是拍摄大学毕业照的时间，两个半月的昼夜不歇，我庆幸坐上了青春远去的末班车。拍摄集体照的四分钟竟然可以记录不甘心的四年，不知是幸抑或不幸。

我总要把四年的时间和萧红的三十一年联系起来，虽然深知这不太贴切，但是自我怜悯的心态让我在不自觉地透过自己的经历去理解萧红短促的一生。四年的大学时光实在不能说是值得，与文字结伴的日日夜夜让我失血过多，在“生死场”里拼命挣扎，似乎永远走不出去的旋涡。当初还是一张白纸的我，也是和所有人一样，抱着积极的心态去追逐梦想的。忽视与注视，对我而言，都不再重要了，最后的美好不能在我的心海里掀起一丝一毫的波澜。从不谙世事到积极生活，从希望到绝望，再到希望，跌宕起伏的四年，小心谨慎的四年，思虑过重和进退维谷的四年，一切的悲欢离合，所有的血雨腥风都不值得。

但是这些看似不值得的背后，是拼命熬制的经历，有一个词叫作“成长”，有一个女子叫“萧红”。

很遗憾的是，直到大学最后的时光，我才发现萧红的绝美；

很庆幸的是，因为我的一时冲动，鬼使神差地让我把心中的“文学洛神”重新塑造了一次。我承认我不够懂她，就像她自己也不懂自己，就像她身边的挚友都不曾了解真正的她。萧红的一生是被无数人回忆的罗生门，现如今的人们好像永远都只能隔着层层的云雾来审视她。可悲的是，没有人愿意把理解给她。

她的一生是不断滴血的一生，遇见的、没有遇见的，都在有意无意地消耗她的热情。十年饮冰血难凉，直到生命的终结，她居然还有无限的热情。受过的苦堆积如山，她坚信人间仍然存有纯情，她不曾远离人群，即使遭遇了九十九场骗局，她仍然相信最后一场是渴望已久的真相，然后强堆出笑意，踏着风雪拥抱你。

头顶是四处投弹的战机，眼前是一片漆黑的巨浪，身怀有孕的弱女子跟着黑压压的人群，一个人辗转奔波于各地，左手提着行李箱，右手还不忘拿着纸和笔，与茫然失措的难民坐在一起。只要还有力气，只要还有呼吸，萧红的字典里没有“放弃”这个词语。她要写，要不停地写，没有墨水就用血来写。

那是一个最坏的时代，可能同时也是一个最好的时代。他们曾畅所欲言，曾纵横四海，曾高呼自由恋爱，也曾冲破门第阻碍。侵略者四处燃起战火，无数的人流离失所，弱女子自身难保，却仍不忘记作为一个写作者的责任和使命，她要用蘸着血的笔来唤醒麻木迷茫的人群，这是萧红终其一生的精神追求。

在生活中流离失所，在爱情里失血过多，没有人理解她，也很少有人愿意认可她。萧红知道身为女子的无奈，越向社会深处走，就越会发现女子争得话语权的艰难，而手中的笔就是可以戳破层层压抑的最好利器。原本可以随着命运的安排，安稳地活下去，若是如此按部就班，那就不是萧红了。在陈旧观念里苦苦挣扎的女子，萧红唯有怒其不争，她自幼身体羸弱，但绝不甘心妥协，只要有最后一丝力气，她都要抗争到底，而且在抗争的时候，她一句话都不会说，无声无息地抗争，不甘不愿地死去。

对于写作，萧红有一种宗教情结般的虔诚，她也希望以虔诚的态度生活在人世间，只是时代的局限怎能如她所愿。她的文学创作生涯是从二十二岁开始的，萧红文学创作的黄金十年同时也是三十年代文学的“黄金阶段”，她以一己之力撑起了艰难时期中国文学创作的半边天空，她是龙江大地上空谷绝音的回响，这让同为东北籍的我即使隔着近九十年的历史长河也依然能够感受到心灵的震撼。

创作《愿你所有孤独，都光芒万丈：张爱玲的2020》，是为了去完整自己，是为了给幻灭的四年青春一个完整的交代。记录萧红的点滴，更像是一个想要走向成熟的作者的必经之路。青春幻灭之后总要从梦中醒来，醒来的梦要有路可走。年少不懂呼兰河，如今才知真文章，至纯至性的凄美，看似简单到不忍心雕琢的文字恰恰是最不可模仿的。模仿得来精致，却模仿不来质朴，因为这些在呼兰河中流淌的文字太过真实，真实得让人不敢去探究何为真相，真实得让人不忍亵渎。萧红的文字是简单到可以用一个词语就震撼到人整个心灵世界的力量，看似简单而微弱，但是这种简单，没有跨越生死的经历和惊人的悲悯之情的女子是永远无法驾驭的。

女人写作是她思想输出的重要方式之一，也许是她区别于其他乱世中普通女子的显著标志。文字不一定非要以出版物的形式呈现在世人面前，有文字在不断产生就是一种思考的证据，她在思考。萧红的一生经历了女人可能要经历的所有，她的悲剧也同样是特殊时代的悲剧，她是苦难岁月的缩影，她这个人本身就是一段历史，一段波澜壮阔又支离破碎的历史。也许没有谁的人生是十全十美的，萧红也是如此，沟壑纵横的命运，她用身心的破碎去完整精神的绝美。她对文字的敏感超出了自身所处的时代，她在凄风苦雨中不断成长。

命运狭路相逢的特殊年代，写作者在畅所欲言之后似乎不用过多地考虑后果，这些不合时宜的担忧不会成为他们的思想包袱。其实大多数写作者要经历的都是一个不断成长的过程，这段艰辛的历程是否可以看到一路繁花，不仅取决于写作者本身，甚至也与写作者周边的一切息息相关。也许，让写作者最绝望的事情，就是在自己最稚嫩的时期，双手捧着散发青春阳光的不成熟文字献给了一些“高大”的人，接着却听到梦想跌落深渊的空洞之音，并且再无回音。他们本来什么都没有做，但是却做错了。难道在最美好的年华追求自己最喜欢的事情，不应该是青春最美的馈赠吗？为什么这些冲动的追梦想法却因为与周围格格不入就变成罪大恶极，大多数人的选择就一定是正确的吗？从来如此的事情就一定是要继续进行并且妄想一成不变的吗？任性如萧红，所以她的追求自我就变成了离经叛道，她的敢爱敢恨就落入了千夫所指的境地，自由果然成了最奢侈的东西。

是不是真的只有满身疲惫的时候才能看见满屋的月亮呢？现在已经过了战乱频发、山河破碎的特殊年代，但是苦难其实依然以另一种形式存在着。若有人问我，什么是我目前最大的困惑和苦难，我想那大概就是在一意孤行中承受了这个年纪不该承受的重量和焦灼，因为不尴不尬的年纪未曾得到恰如其分的认可与鼓励，又最终因为患得患失的纠结与看似锋芒毕露的外在，失去了这个世界对这个年纪应有的宽容和关怀。

不在意是最坚固的城墙，也许不爱真的可以无往不胜。但，因为放不下，因为拿不掉。最折磨自己的东西往往是自己最梦寐以求的东西，它是一种抽象的存在，无色无味，没有具体，也没有关于它的正确的形容词，就像是心魔，拿起让我身心俱疲，但是放下更让我痛不欲生。我愿意选择痛并快乐着的方式继续生活下去，直到生命的终结。

关于萧红的话题，就像呼兰河的河水一样，无穷无尽。时间不断向前推移，而萧红留下的杰作也不断地陪着我们一起成长，并且历久弥新。想起了萧红被选入小学语文教材的文章，名字叫作《火烧云》。《火烧云》就像萧红，孩子们看到的是童心童趣，而我们成人看到的大概却是疲惫荒凉。但是成人与儿童却没有必要互相争辩究竟谁对谁错，因为孩子就该看到他们能看到的东西。

青杏的酸与储物间霉气的苦，抽动着五月的神经，无数次回忆暴风雨里的那一艘小船。他的眼睛算不得大，个子也不高，但是那时候，他的眼中只有她一个人。不算高大的身躯拯救了一人便足矣。红山茶为何那般敏感而脆弱，强势的海浪一次又一次将山茶花淹没。此时滚烫的身体就像那年在他滚烫的背上，穿过幽静冷峻的医院走廊，穿过战火中的七月，戏终究是演完了，该散场了。

那件黑白格的粗布衬衫礼服，想必是爱吧；晃动车厢里的那颗梨子，想必是爱吧；背着手风琴，手牵手奔跑在人来人往的中央大街上，想必是青春吧。时间流动到了四十年后，头戴针织小帽的老人从抽屉中取出一叠泛黄的书信，摘下钢笔帽，铺平了新的信纸。在寂静的书房里，萧军开始了对书信的注释，一字一句，事无巨细地书写着。粗枝大叶的老人一遍遍观察信中的文字标点，我想这大概是爱吧。

那年桥头载明月，人观桥下水，晚间的风儿是轻的，水中的倒影也是清的，记忆中的布尔乔亚一般的手套也是清晰的。没有任何恋爱经历的青年在善意谎言的掩护下，与情路坎坷的女作家走到了一起，婚礼上的誓言是真的，乱世中的诺言是真的，半个世纪的怀念依然是真的。

炮火袭击中奔走筹款，想必是勇气吧；不顾流言蜚语毅然接受千疮百孔的女作家，想必是勇气吧；忍受多年口诛笔伐仍然闭口不言，想必是勇气吧；大口吸出结核病人的痰液，依然是勇气吧……端木蕻良曾说，他对萧红的爱是惊天地、泣鬼神的，我愿意相信，愿意替萧红相信，想必萧红也是相信的。

还有那位不知所踪的未婚夫，违抗家人的想法独自跟随未婚妻的脚步，除了青春的冲动，想必也是有爱的力量曾经灌注过的。

穿越爱的艰难旅途，相信合上双眼前的萧红是平静的，平静地回忆这些不远不近的往事，亦真亦假的爱恨情怨在她看来，已经没有那么重要，直到故事的结局，最后的最后，她还是放下了。

那么，我也将放下了。

写萧红当然不是一时的冲动，我真切地相信我们之间是有缘分存在的，所以她愿意给我无限的灵感，愿意帮我撑下去。2018年年底，我来到了萧红的青丝冢，几片寒云孤零零地在头顶散落着，北方大地上的枯木枝在一旁慵懒地望着我。太阳落山了，夕阳也变得奢侈。几米之外是锻炼身体的老人们，没有人注意到我，就像我自己都要在那一瞬间忘了自己的存在。

仅仅隔着一座墓碑的距离，这边的世界只剩下我和你。没有勇气像你一样行走在寒风刺骨的北方冬季里，我戴着厚厚的棉手套，双手合十，做着僵硬的动作。一鞠躬，关于梦想；再鞠躬，是心之所向；三鞠躬，是为你，只为你，为你愿意千万次。

寒风打在脸上是刺骨的疼痛，灯光也没有勇气，开始忽明忽暗起来，我终究到了离开的时候，一步三回头，直到你的墓碑越来越渺小。

本书在出版过程中，有幸得到了多位萧红研究学者的帮助：知名的萧红研究学者袁培力老师，萧红文学馆馆长章海宁老师，黑龙江大学教授、博士生导师叶君老师，知名萧红研究学者颜坤琰老师、袁权老师等前辈。在茫茫人海中，与他们相遇，相信也是萧红在冥冥之中的指引。

资深萧红研究学者袁培力老师在得知我遇到写作困难的时候，更是在身体欠佳的情况下为我修改文章中的史实硬伤。另外，感谢萍乡市作协主席赫东军老师、苏瓷瓷老师、毕然老师及诗人张远伦老师、西南大学中国新诗研究所副教授魏巍老师的暖心推荐。没有数位老师的帮助，便没有我的“萧红”。

感谢命运，感谢萧红，感谢各位前辈老师的倾力帮助。

在此，真诚感谢本书的责任编辑王滢老师的精心修改，感谢《愿你所有孤独，都光芒万丈：张爱玲的2020》的责任编辑孟令玲老师在本书出版前期给予的帮助，感谢各位老师在本书出版过程中做出的努力！太多的感谢不能用文字完全表达，感恩与各位的相遇，感恩与北京交通大学出版社的相遇。

十年执着，心怀所爱，风雨潇潇，无畏山海。1942 年 1 月 22 日，萧红在战火纷飞中离开了她无限眷恋的人世间。泪洒香江东逝水，萧红踏过的每一寸土地，都将永远寄托着萧红热爱者的哀思。

《心怀所爱，无畏山海——萧红的绝世飘零》是我离开校园，迈向社会的第一部作品，我的青春结束了，但我真正的青春即将开始，那些不该失去的，都将会以另一种形式归来。

感谢萧红的回应。

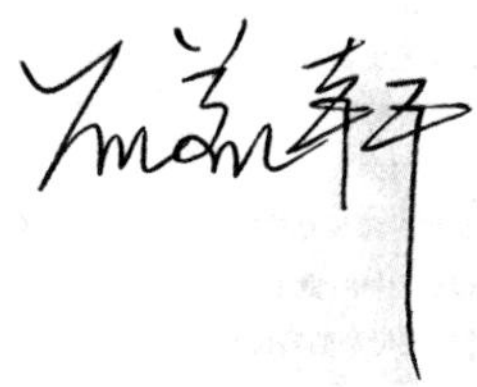

2019 年 11 月 12 日于重庆北碚